保育園　幼稚園　おうち

2歳児・3歳児のための

つぶやきソングと歌あそび

えんどう　リリカ

季節の歌

生活の歌

※ 38, 39, 41, 42, 43, 44 は
リズムあそびとしても
使えます

1, はる

たのしく　　　　　　　　　　　　　　　　作詞作曲：えんどうリリカ

♩＝118
は る は　う れ し い な　たん ぽ ぽ も　チュー リ プ も
は る は　た の し い な　あ り さん も　み つ ばち も
5
お は な が　さ く か ら　き れ い だ　な
み ん な が　で て き て　う ご き だ　す
9
う れ しい　は る は　は な ざ か　り
た の しい　は る は　に ぎ わ う　よ

2，桜の木の下で

やさしく　たのしそうに

♩＝66

作詞作曲：えんどうリリカ

5
9
さ く ら の　し た で　た べ よ う　ね
さ く ら の　し た で　あ つ ま っ　て
み ん な で　た べ た ら　お い し い　よ
た の し い　お ちゃ か い　し ま しょ う　ね
は な び ら　お べん とう に　お ち て き　た
あ お ぞ ら　さ く ら を　み あ げ て　ね

3，春の花

やさしく　きれいに

♩＝112

作詞作曲：えんどうリリカ

はるの　はなが　きらきら　ひかる
はるの　はなが　ゆらゆら　ゆれる
5
ふきのとう　すみれ　すいせん　なのはな
チューリップ　さくら　れんげ　たんぽぽ
9
はるの　ひざしに　てらされ　さくよ
はるの　かぜにー　ふかれて　さくよ

4，ちょうちょ

やさしく
♩＝80

作詞作曲：えんどうリリカ

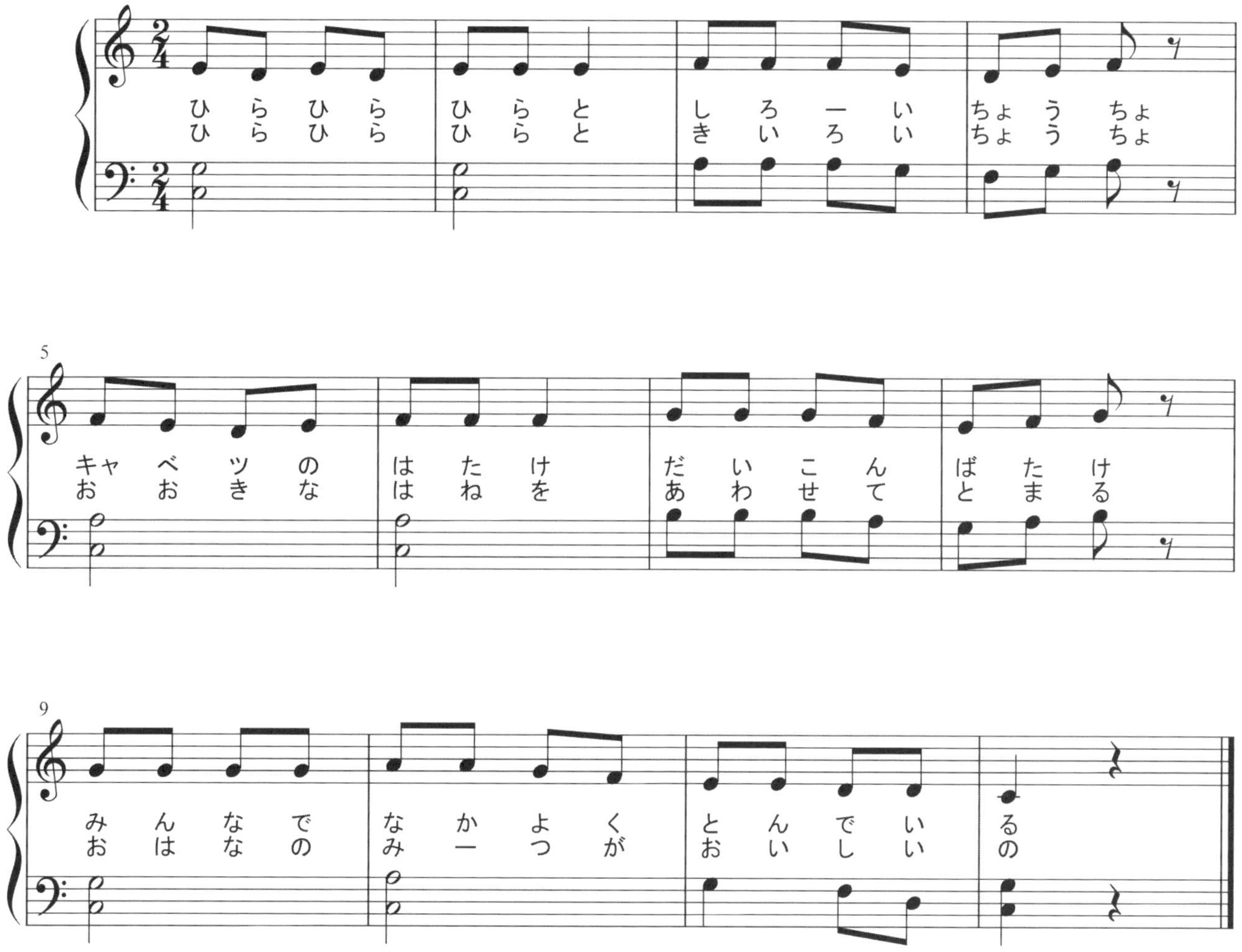
ひらひら ひらと しろーい ちょうちょ
ひらひら ひらと きいろい ちょうちょ
5
キャベツの はたけ だいこん ばたけ
おおきな はねを あわせて とまる
9
みんなで なかよく とんでいい る
おはなの みーつが おいしいの

5，鯉のぼり

作詞作曲：えんどうリリカ

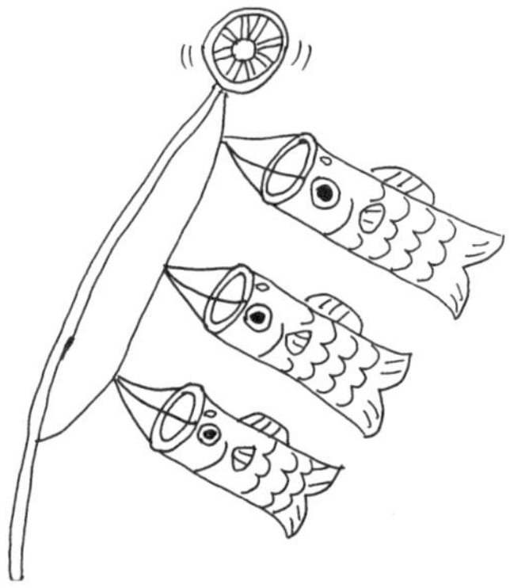

♫ を ♩♪（３）の３連符のように弾いてください。

元気よく　たのしそうに　♩＝100

こ い の ぼ り を あ げ よ
こ い の ぼ り が お よ ぐ
5
ベラ ンダ は し に つ け て
か ぜ う け て お よ ぐ
9
か ぞ く の よ に 一 な ら ん で
ま ご い に ひ ご い な ら ん で
13
1.
2.
み ん な げ ん き に お よ げ
み ん な な か よ く お よ ぐ

6, ゆびおりかぞえて

たのしく　かわいらしく

作詞作曲：えんどうリリカ

♩＝80
あとみっかで えんそくだ ゆびおりかぞえて
あとふつかでら えんそくだだ ゆびおりりかぞええて
あすおきたら えんそくだ ゆびおりかぞえて
4
まっている おかあさんおにぎり つくってね
まっていいる おかあさんぼうしも ありますね
まっていた おかあさんはーやく おこしてね

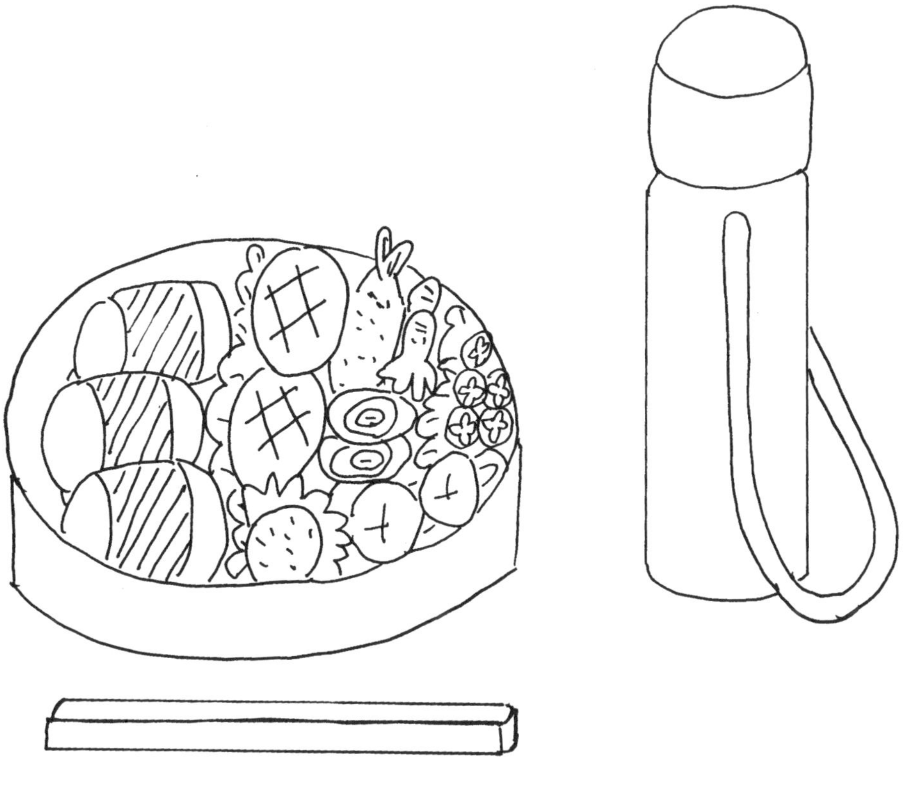

7，あじさいの花

かわいらしく　やわらかに

作詞作曲：えんどうリリカ

♩＝112
あ じ さい の　は な が ー　さ き ま し　た
あ め ふ り　つ づ い て　か が や い　て
5
も も い ろ　そ ら い ろ　む ら さ き　ね
お は な の　い ろ が ー　か わ る の　ね
9
ち い さ な　お は な が　あ つ ま っ　て
な な い ろ　あ じ さ い　ほ こ ら し　く
13
ひ と つ の　は な に ー　な ー る の　ね
あ め つ ぶ　は っ ぱ に　ひ か っ て　る

※歌詞が、がー、にー、なー　など伸ばすところは、

音も、タイをつけて（♩♩⇒♩‿♩）ピアノの音をのばしてください。

あじさいの花《はな》

紫陽花《あじさい》の花《はな》が咲《さ》きました
桃色《ももいろ》 空色《そらいろ》 紫色《むらさきいろ》ね
小《ちい》さなお花《はな》が集《あつ》まって
大《おお》きなお花《はな》になるのね

雨《あめ》降《ふ》り続《つづ》いて輝《かがや》いて
お花《はな》の色《いろ》が変《か》わるのね
七色《なないろ》 紫陽花《あじさい》 誇《ほこ》らしく
雨粒《あまつぶ》 葉《は》っぱに光《ひか》ってる

8，雨の日

お外であそびたい

かわいらしく
前奏とポッツンポッツンを雨音のように　♩＝104

作詞作曲：えんどうリリカ

あ め が ふ る　ポッ ツン ポッ ツン
あ め が ふ る　ポッ ツン ポッ ツン
5
あ め が ふ る　ポッ ツン ポッ ツン　ポッ ツン ポ ツ ン と　お と が す る
あ め が ふ る　ポッ ツン ポッ ツン　ポッ ツン ポ ツ ン と　み ず し ぶ き
9
ポッ ツン ポッ ツン　お そ と で あ そ び　た い け ど あ め が ふ　る ポッ ツン
ポッ ツン ポッ ツン　お に わ の み ず た　ま り に も あ め が ふ　る ポッ ツン
13
ポッ ツン ポッ ツン　あ り さ ん ど こ へ　いっ た か な
ポッ ツン ポッ ツン　カ エル く ん そ と で　あそ ん で る
16
ポッ ツン ポッ ツン　ポッ ツン ポッ ツン　ポー
ポッ ツン ポッ ツン　ポッ ツン ポッ ツン　ポー

手あそび

ポッツンポッツン→左手で軽く握りこぶしをつくり、小指を下にして立てる右手で人差し指のみ伸ばしてほかの指は握る。ポッで右手を左手の上にあげ、ツンで右手人差し指を左手握りこぶしの真ん中に入れる。歌に合わせて、右手を上下して繰り返す。歌いながら行う。

雨《あめ》の日《ひ》　お外《そと》で遊《あそ》びたい

雨《あめ》が降《ふ》る　ポッツン　ポッツン
雨《あめ》が降《ふ》る　ポッツン　ポッツン
ポッツン　ポッツンと　音《おと》がする
ポッツン　ポッツン
お外《そと》で遊《あそ》びたいけど　雨《あめ》が降《ふ》る
ポッツン　ポッツン　ポッツン
蟻《あり》さんどこへ行《い》ったかな
ポッツン　ポッツン　ポッツン　ポッツン　ポー

雨《あめ》が降《ふ》る　ポッツン　ポッツン
雨《あめ》が降《ふ》る　ポッツン　ポッツン
ポッツン　ポッツンと　水《みず》しぶき
ポッツン　ポッツン
お庭《にわ》の水《みず》たまりにも　雨《あめ》が降《ふ》る
ポッツン　ポッツン　ポッツン
カエル君《くん》そとであそんでる
ポッツン　ポッツン　ポッツン　ポッツン　ポー

9，雨の日

カッパを着てお散歩

うれしそうに　たのしく
スタッカットは雨音のように

作詞作曲：えんどうリリカ

♩＝104
カッ パ を き て
なが ぐ つ はい て
お さ ん ぽ だ　あ め な ん か に　ま け な い ぞ　オー
お さ ん ぽ だ　み ず た ま り も　へ い き だ ぞ　オー
せ ん せ い え ん て い に　か わ が で き た よ
せ ん せ い か え る く ん　こ こ に い ま す よ
お そ と へ つ れ て く だ さ り　あ り が と う　オー
お そ と へ で ら れ た の し い　あ め の ひ だ　オー

オーのところで片手でこぶしをあげましょう

雨《あめ》の日《ひ》　カッパを着《き》てお散歩《さんぽ》

カッパを着《き》てお散歩《さんぽ》だ
雨《あめ》なんかに負けないぞ　オー
先生園庭《せんせいえんてい》に川《かわ》が出来《でき》たよ
お外《そと》へ連《つ》れてくださりありがとう　オー

長靴《ながぐつ》はいてお散歩《さんぽ》だ
水《みず》たまりも平気《へいき》だぞ　オー
先生《せんせい》カエル君《くん》ここにいますよ
お外《そと》へ出《で》られ楽《たの》しい雨《あめ》の日《ひ》だ　オー

10, 雨の日

畑の苺

ゆっくり　かわいらしく
スタッカットは雨音のように

作詞作曲：えんどうリリカ

♩=92
はたけのつちよ
はたけのいちご
そんなにあめは　おいしいの　ふってもふっても
そんなにあめは　きもちいいの　うれしそうに
どんどんのんで　つちのなかへ
くびをゆらして
1.
2.
わらってるのね

雨《あめ》の日《ひ》　畑《はたけ》の苺《いちご》

畑《はたけ》の土《つち》よ　そんなに雨《あめ》はおいしいの
降《ふ》っても　降《ふ》っても
どんどん飲《の》んで　土《つち》の中《なか》へ

畑《はたけ》の苺《いちご》　そんなに雨《あめ》は気《き》持《も》ちいいの
うれしそうに
首《くび》を揺《ゆ》らして　笑《わら》ってるのね

11，カエル

たのしそうに

♩＝112

作詞作曲：えんどうリリカ

カ エ ル が う た を う た っ て る
ケロ ケロ ケロ ゲロ ゲロ ゲロ
ケロ ゲロ ケロ ゲロ ケロ ゲロ ケロ ゲロ
み ん な で な か よ く う た っ て る
ケロ ゲロ ケロ ゲロ ケロ ゲロ ケロ

曲の楽しみ方色々

ア，みんなで楽譜通りに歌う

イ，ケロケロケロ、ゲロゲロゲロと手の動作を付けて歌う

「ケロケロケロ」♪♪
頭の下両側で手を広げて
手を前後に動かす

「ゲロゲロゲロ」♪♪
頭の上両側で広げて
手を前後に動かす

ウ、２つのグループに分かれ、ケロのところはケログループだけで動作とともに歌い、ゲロのところはゲログループだけで動作とともに歌う。「ケロ」「ゲロ」以外のところはみんなで歌う。

エ，ウの歌い方にプラスして、「ケロケロ」「ゲロゲロ」のところのみ、お当番の子が 1人ずつ歌い、「ケロゲロケロゲロ」と交互のところは各グループで歌う。

※曲の最後の音、低い音のドは子供たちが、高い音ドは先生が歌って、声の重音を楽しみましょう。

12, おりひめさまひこぼしさま

おだやかに　美しく

作詞作曲：えんどうリリカ

♩=72

おりひめさま
はたおりして
4
ひこぼしさま　どうしていちねんに　いっかいしかあえない
うしかいして　いっしょうけんめい　おしごとしてるの
7
の　かみさま　もっと　あわせて　あげて　それが
ね　かみさま　あめでも　あわせて　あげて　それを
10
わたしのねがいで　1. す　2.
たんざくにかきまし　た
13

おりひめさまひこぼしさま
おりひめさまひこぼしさま
どうして一年《いちねん》に一回《いっかい》しか会《あ》えないの
神様《かみさま》もっと会《あ》わせてあげて
それが私《わたし》の願《ねが》いです

機織《はたお》りして牛飼《うしか》いして
一生懸命《いっしょうけんめい》お仕事《しごと》してるのね
神様《かみさま》雨《あめ》でも会《あ》わせてあげて
それを短冊《たんざく》に書《か》きました

13, かみなりさん

かわいらしく　♩＝104

作詞作曲：えんどうリリカ

かみなりさん

かみなりさんがやって来《く》る
怖《こわ》いぞ怖《こわ》いぞさあ逃《に》げよ
どこへ逃《に》げたらいいのかな
テーブルの下へ逃《に》げ込《こ》もう

かみなりさんがまた来《く》るよ
助《たす》けて助《たす》けて隠《かく》れよう
どこへ隠《かく》れたらいいのかな
押《お》し入《い》れの中《なか》へ隠《かく》れよう

14, せ み

たのしそうに

♩＝100

作詞作曲：えんどうリリカ

ミン ジー ミン ジー ミン ジー ミン ジー よく なく ねね

ミン ジー ミン ジー ミン ジー ミン ジー まだ なな くく よよ

きょ うも もも あみ さん かな らで がう った しょい うま だしょう

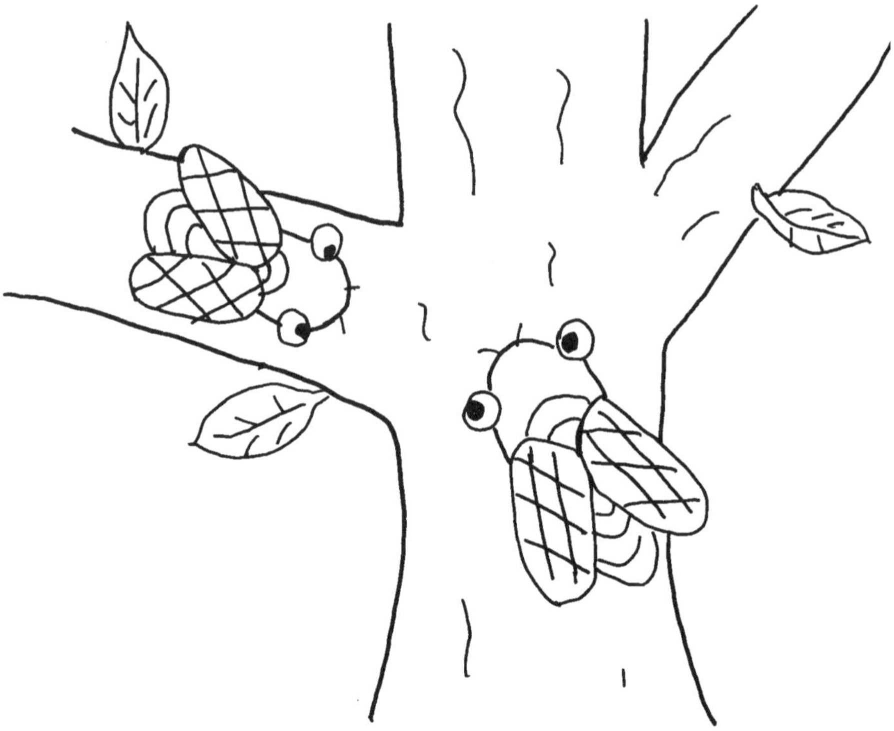

15, プール

たのしそうに　　　　作詞作曲：えんどうリリカ

♩=100
プ ー ル で あ そ ぼ み ず し ぶ き
プ ー ル で あ そ ぼ か お つ け だ
プ ー ル で あ そ ぼ バ タ あ し だ
5
シャ バ シャ バ お か お に か か っ た ね
ブ ク ブ ク ブ ク ブ ク で き ま し た
バ タ バ タ バ タ バ タ お よ げ た よ

16, 夏　休　み

あかるく　たのしそうに

作詞作曲：えんどうリリカ

♩＝104
3
なつやすみ　は　たのしみだ　せみとりか　わあ　そび
なつやすみ　は　まちどおしい　うみにもや　ーま　ーも
4
はなびもできる　はやく　きてね　なつやすみ
いなかにいける　はやく　きてね　なつやすみ

17, 花 火

パチパチ→花火がとぶように

作詞作曲：えんどうリリカ

♩＝108

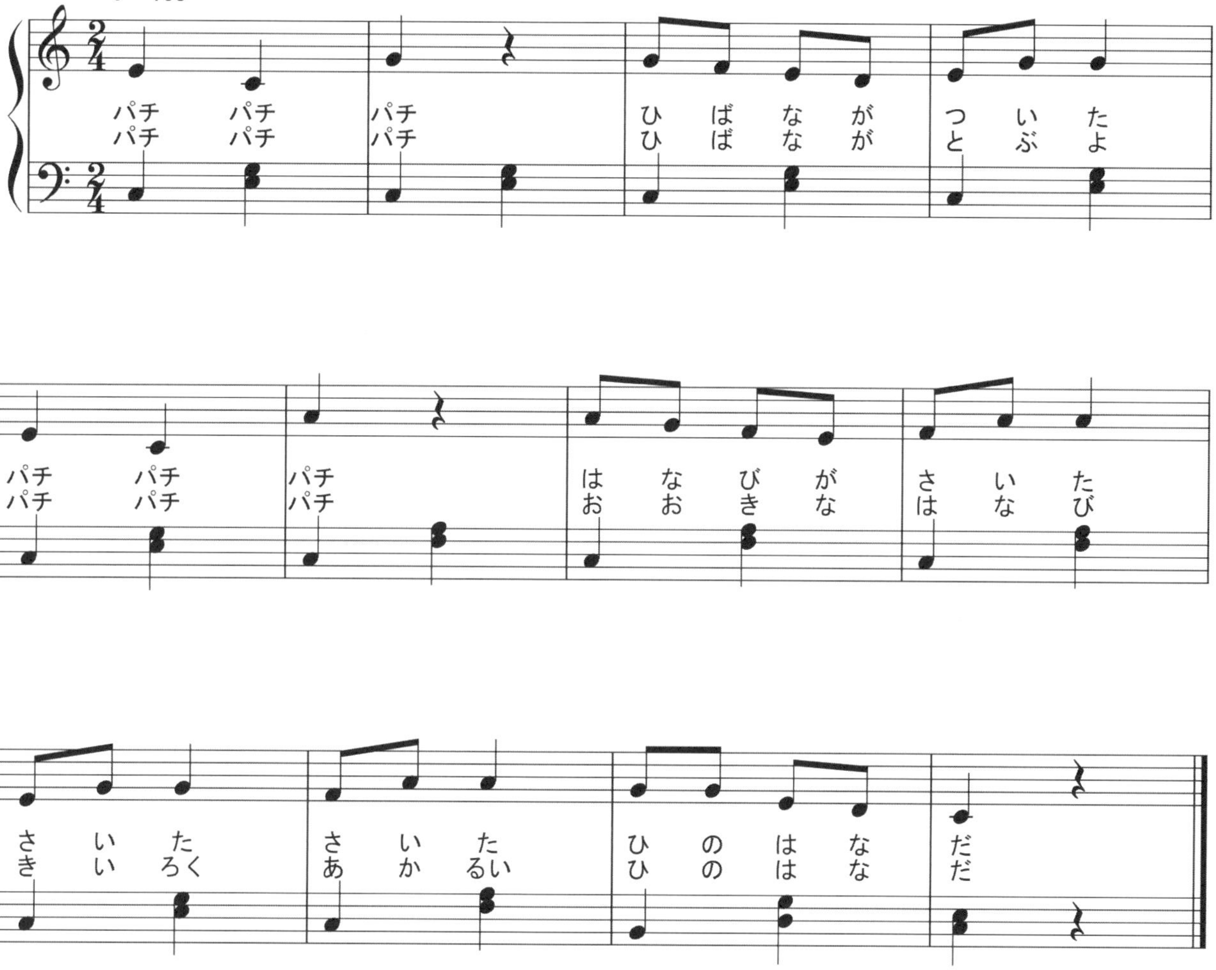
パチ パチ パチ ひ ば な が つ い た
パチ パチ パチ ひ ば な が と ぶ よ
5
パチ パチ パチ は な び が さ い た
パチ パチ パチ お お き な は な び
9
さ い た さ い た ひ の は な だ
き い ろく あ か るい ひ の は な だ

花火セット

18，秋の空

やさしく　のびのびと

♩＝100

作詞作曲：えんどうリリカ

1. あ　き　の　お　そ　ら　は　き　れ　い　だ　な
2. あ　き　の　お　そ　ら　は　き　れ　い　だ　な
5
ふ　ん　わ　り　し　ろ　く　も　ど　こ　へ　い　く　く
お　そ　ら　に　い　ち　めん　の　う　ろ　こ　ぐ　も
9
か　ぜ　に　ふ　か　れ　て　と　ん　で　ゆ　く
そ　ら　は　ど　こ　ま　で　つ　づ　く　の　か

19, あきのくだもの

やさしく　かわいらしく

作詞作曲：えんどうリリカ

♩＝120

かきって いいな あかくて かわいい
なしって いいな まるくて かわいい
くりって いいな ちいさくて かわいい
かきって いいな あまくて おいしい
なしって いいな あまくて おいしい
くりって いいな むしたら おいしい
あきは やっぱり かきが いい
あきは やっぱり なしが いい
あきは やっぱり くりが いい

20, 太　鼓

げんきよく　たのしそうに（👏　拍手）

作詞作曲：えんどうリリカ

♩=92
き ょ う は　ぼ く の　ほい く えん の　うん どう かい
お ど り も　で き る　た い こ も　う つ よ
あ か ちゃ ん　ぐ み も　こ ち ら を　み て ね
た い こ を　た た い て　お ど る ん　だ　ハイ
お そ ら に　ひ び く よ　たい こ の お　と
わ 一 た し　た 一 ち の　え ん そ う　を
ドン　ドン　ドン　ドン　ハイ
ドン ド コ　ドン ド コ　ドン ド コ　ドン　ハイ
ドン ド コ　ドン ド コ　ドン ド コ　ドン
ドン ド コ　ドン ド コ　ドン ド コ　ドン
こ ん な に　い い お と　で る ん だ　よ　ハイ
み ん な が　み て ま す　き い て ま　す
お お き く　な っ た ら　で き ま す　よ

太鼓《たいこ》

今日《きょう》はぼくの　保育園《ほいくえん》の運動会《うんどうかい》
太鼓《たいこ》たたいておどるんだ　ハイ 👏
（ドン 👏 👏 ドン 👏 👏
ドン 👏 👏 ドン　ハイ 👏
ドン　ドコ　ドン　ドコ
ドン　ドコ　ドン　ハイ 👏）
こんなに　いい音《おと》出《で》るんだよ
ハイ 👏

おどりも出来《でき》る　太鼓《たいこ》も打《う》つよ
お空《そら》に響《ひび》くよ太鼓《たいこ》の音《おと》　ハイ 👏
（ドン 👏　同《おな》じ）
みんなが見《み》てます　聞《き》いてます
ハイ 👏

赤ちゃん組《ぐみ》も　こちらを見《み》てね
私《わたし》たちの演奏《えんそう》を　ハイ 👏
（ドン 👏　同《おな》じ）
大《おお》きくなったら　できますよ
ハイ 👏

21, お 月 見

やさしく　おだやかに

作詞作曲：えんどうリリカ

お月見《つきみ》

丸《まる》い月《つき》が出《で》たよ
兎《うさぎ》が並《なら》んで月《つき》を見《み》る
お団子《だんご》お供《そな》えしましょう
みんなでお月見《つきみ》しましょう

大《おお》きな月《つき》が出《で》たよ
狸《たぬき》がお腹《はら》を叩《たた》いてる
すすきをお供《そな》えしましょう
今日《きょう》は楽《たの》しい月見《つきみ》

22，いもほり

かわいらしく　たのしそうに　　　　　　　　　　　作詞作曲：えんどうリリカ

♩＝112

どここに　いるのかな　つちのなかで
どここに　いるのかな　つちのなかで
4
みえないよ　ほって　ほって　またほって
まっている　ほって　ほって　またほって
7
でてきた　でてきた　ちびいもだ
でてきた　でてきた　でかいもだ

23, すずむしこもりうた

作詞作曲：えんどうリリカ

やさしく　きれいに

♩=66

かほ　あん　さと　に
すき　ずれ　むい　しな
きこ　こも　えり　るう　よた

りあ　んら　りあ　んら
りぼ　んう　とや
なも　いう　てね　いた
る

2.

の

24, ゆ き

やさしく

作詞作曲：えんどうリリカ

♩＝104

ち ら ち ら ち ら と ゆ き が ふ る
ち ら ち ら ち ら と し ろ い ゆ き

5
そ ら か ら し ろ い お く り も の
お や ね も し ろ く ゆ き げ しょ う

25, ゆきみち

たのしく かわいらしく

♩＝108

作詞作曲：えんどうリリカ

3
キュ キュ キュ と おとがする ゆきみち あるいたら
キュ キュ キュ と おとがする しろいみち あるいたら
7
たのしい おとがする ながぐつで あるくんだ
あしあと のこるんだ ゆきみち おもしろい

26, サンタクロース

たのしそうに

作詞作曲：えんどうリリカ

♩=116

あ か い ふ く に し ろ い ひ げ
こ ん や は や く ね ま しょ う ね
5
お お き な に も つ を も っ て く る
い い こ に し て た ら く る ん だ よ
9
プ レ ゼン ト いっ ぱ い お も た い ね
サ ン タ ク ロ ー ス き て く だ さい

27，お正月

作詞作曲：えんどうリリカ

たのしそうに ♩＝100

おお しょ　が が　つ は　いた いの　なし　一い

ごは ちね そつ きう　いふく わら ぱい らい　あす るる　一　よ

いみ とん こな もで　いい っし ぱい しょ にい　くあ るそ　一　よぶ

28, 雪だるま

たのしく　かわいらしく

作詞作曲：えんどうリリカ

29，今日は節分

かわいらしく　　　　　　　　　　　　　　　　　作詞作曲：えんどうリリカ

♩＝130

身体の中の病気の元や、ばい菌、頭の中の良くない考えや思いなども、
お腹の鬼と言う歌詞でまとめてあります。
節分の意味と共に、子供たちに歌詞の意味もお伝えください。

30，おひなまつり

やさしく　おだやかに　♩＝80

作詞作曲：えんどうリリカ

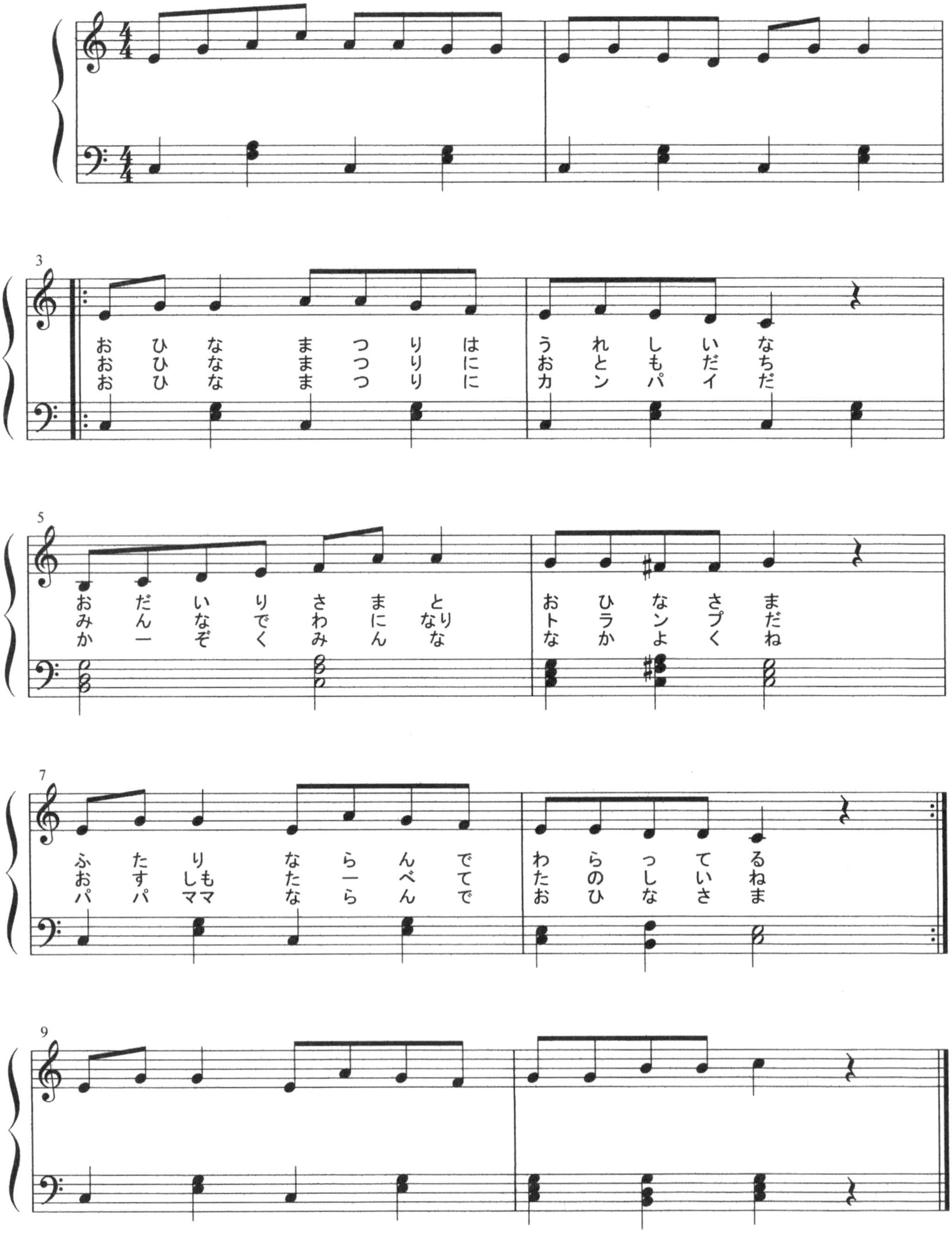

おひなさま

おひな祭《まつ》りは　嬉《うれ》しいな
お内裏様《だいりさま》と　お雛様《ひなさま》
二人《ふたり》並《なら》んで笑《わら》ってる

おひな祭《まつ》りに　お友達《ともだち》
みんなで輪《わ》になり　トランプだ
お寿司《すし》も食《た》べて楽《たの》しいね

おひな祭《まつ》りに　乾杯《かんぱい》だ
家族《かぞく》みんな　仲良《なかよ》くね
パパママ並《なら》んでお雛様《ひなさま》

31，おはよう

やさしく　かわいらしく

作詞作曲：えんどうリリカ

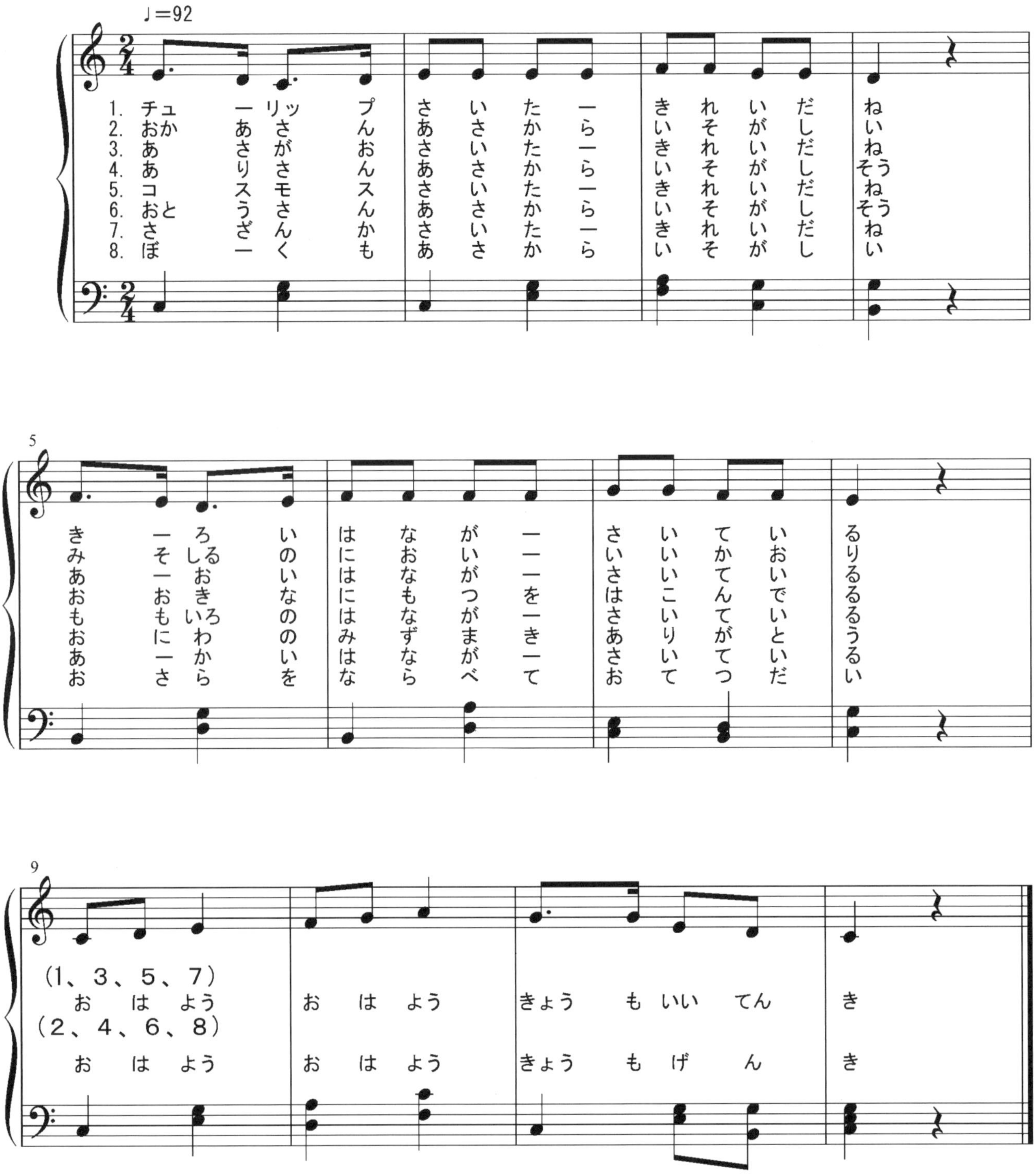
♩＝92
1. チューリップ さいたー きれいだ ね
2. おかあさん あさから いそがし い
3. あさがお さいたー きれいだ ね
4. ありさん あさから いそがし そう
5. コスモス さいたー きれいだ ね
6. おとうさん あさから いそがし そう
7. さざんか さいたー きれいだ ね
8. ぼーくも あさから いそがし い
5
きーろい はながー さいてい る
みそしるの においー いいかお り
あーおい はながー さいてい る
おおきな にもつを はこんで る
ももいろの はながー さいてい る
おにわの みずまき ありがと う
あーかい はながー さいてい る
おさらを ならべて おてつだ い
9
（1、3、5、7）
お は よう　お は よう　きょう も いい てん き
（2、4、6、8）
お は よう　お は よう　きょう も げ ん き

季節に合わせて歌いましょう。

春　1、2

夏　3、4

秋　5、6

冬　7、8

おはよう

チューリップ咲《さ》いた綺麗《きれい》だね
黄色《きいろ》い花《はな》が咲《さ》いている
おはようおはよう今日《きょう》もいい天気《てんき》
おかあさん朝《あさ》から忙《いそが》しい
みそ汁《しる》の匂《にお》いいい香《かお》り
おはようおはよう今日《きょう》も元気《げんき》

朝顔《あさがお》咲《さ》いた綺麗《きれい》だね
青《あお》い花《はな》が咲《さ》いている
おはようおはよう今日《きょう》もいい天気《てんき》
蟻《あり》さん朝《あさ》から忙《いそが》しそう
大《おお》きな荷物《にもつ》を運《はこ》んでる
おはようおはよう今日《きょう》も元気《げんき》

秋桜《こすもす》咲《さ》いた綺麗《きれい》だね
桃色《ももいろ》の花《はな》が咲《さ》いている
おはようおはよう今日《きょう》もいい天気《てんき》
お父さん朝《あさ》から忙《いそが》しそう
お庭《にわ》の水《みず》まきありがとう
おはようおはよう今日《きょう》も元気《げんき》

山茶花《さざんか》咲《さ》いた綺麗《きれい》だね
赤《あか》い花《はな》が咲《さ》いている
おはようおはよう今日《きょう》もいい天気《てんき》
ぼくも朝《あさ》から忙《いそが》しい
お皿《さら》を並《なら》べてお手伝《てつだ》い
おはようおはよう今日《きょう》も元気《げんき》

32，はやく行きたい

あかるく　うれしそうに

作詞作曲：えんどうリリカ

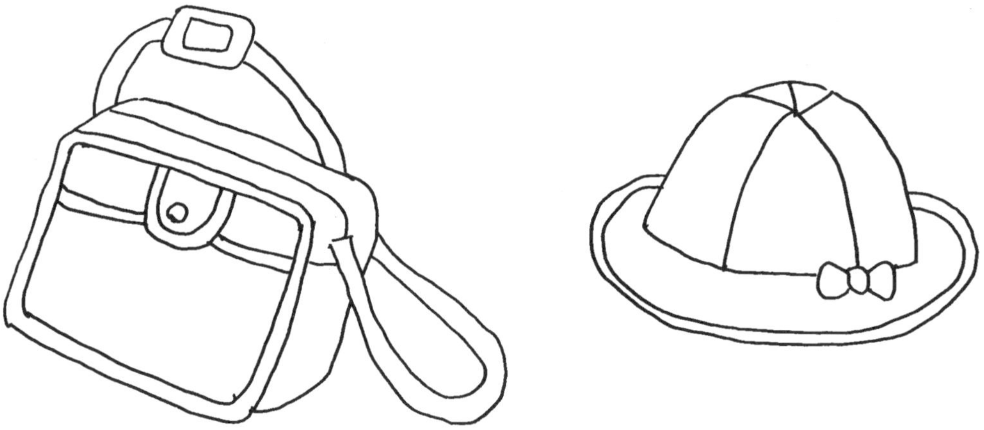

33，ポンポン手あそび

たのしそうに

作詞作曲：えんどうリリカ

♩=100
あ た ま の う え で ポン ポン ポン
あ た ま の う え で パチ パチ パチ
5
あ た ま の よ こ で ポン ポン ポン
あ た ま の よ こ で パチ パチ パチ
9
も ひ と つ よ こ で ポン ポン ポン
も ひ と つ よ こ で パチ パチ パチ
13
ポン ポン ポン ポン ポ ン ポ ン ポン
パチ パチ パチ パチ パ チ パ チ パチ

（手あそび）

１段目…頭の上で歌に合わせて手をたたく

２段目…頭の右横で手をたたく

３段目…頭の左横で手をたたく

４段目…先生に合わせて身体まわりの色々なところで手をたたく

34，スキンシップの歌（歌あそび）

やさしく

作詞作曲：えんどうリリカ

♩＝88
きょう も なかよし ○○ ちゃん
も う だいじょうぶ ○○ ちゃん
きょう も げんきに ○○ ちゃん
も う なかないで ○○ ちゃん
いっしょに あそぼ てをつなぎ
いっしょに あそぼ あくしゅして

４月、新入のお友達は、園生活に慣れず、
寂しいこともありますね。
そんな時、歌いながら、またはお友だちの歌に合わせて、先生と子供、子供同志でやってみましょう。

今日も仲良し
　→寂しがってるお友達の目を笑顔で見る
○○ちゃん
　→寂しがってるお友達の名前を呼ぶ
　　前から両肩をトントン軽くたたいてあげる
手をつなぎ
　→手をつなぐ
もう泣かないで
　→ハグをする
握手して
　→握手する　　　など

くれぐれも、新入児さんがそれからのことを
受け入れられるようになってからですね。

35, ステキですね（歌あそび）

作詞作曲：えんどうリリカ

♩＝96
みんなで歌う
○○ちゃんが歌う
○　○　ちゃ　ん　どこですか　ハー　イ　ここにいます
5
みんなで
○　○　ちゃ　ん　ステキですね　□□□□□□□□　ステキですね
3
3
9
○○ちゃん
みんなで
ハー　イ　ありがとう　これからも　どうぞ　よろしくね
3

○は、名前

□は、ほめ言葉

歌う前か、○○ちゃんまで歌った後、

いったん歌を止めて、みんなでほめ言葉を考えて入れてください。

たとえば、てつだい　じょうず

やさしい　こえかけ

まいにち　えがおで

この歌をいつも歌って、友達の良いところを見つける習慣が身についたり、

自分がほめられたところは、自信がついたりするといいですね。

36，みんながそろって（手あそび）

作詞作曲：えんどうリリカ

♩= 108
1. うさぎが やってきて ピョンピョンピョン ピョンピョンピョン
2. たぬきが やってきて ポンポコポン ポンポコポン
3. さるさんが やってきて キャキャーキャー キャキャーキャ
4. うまさんが やってきて ヒヒィーヒー ヒヒィーヒー
5. かばさんが やってきて ガバガバガー ガバガバガー
6. ぞうさんが やってきて ノッシノッシノッシ ノッシノッシノッシ
みんながそろって きょうも なかよく
あそびましょう

みんながそろって

7，ゴリラがやって来て　　　　ドンドコドン　ドンドコドン～
8，燕もやって来て　　　　　　スイスイスイ　スイスイスイ～
9，蝶々もやって来て　　　　　ヒラヒラヒラ　ヒラヒラヒラ～
10，蟹さんもやって来て　　　　チョキチョキチョキ　チョキチョキチョキ～
11，蛙がやって来て　　　　　　ピョンピョンピョン　ピョンピョンピョン～
12，くらげがやって来て　　　　フワフワフワ　フワフワフワ～
13，金魚がやって来て　　　　　スイスイスイ　スイスイスイ～
14，たこさんがやって来て　　　ニョロニョロニョロ　ニョロニョロニョロ～

など、色々な動物、魚、虫など動きのあるものを考え、手遊びを付けて歌いましょう。そして、その日の子供たちの様子を見て、先生がどの動物や生き物の歌を歌うか。または、子供たちからリクエストが出たものを歌うか、など自由に選んで歌ってください。

37，トントンだいくさん（手あそび）

作詞作曲：えんどうリリカ

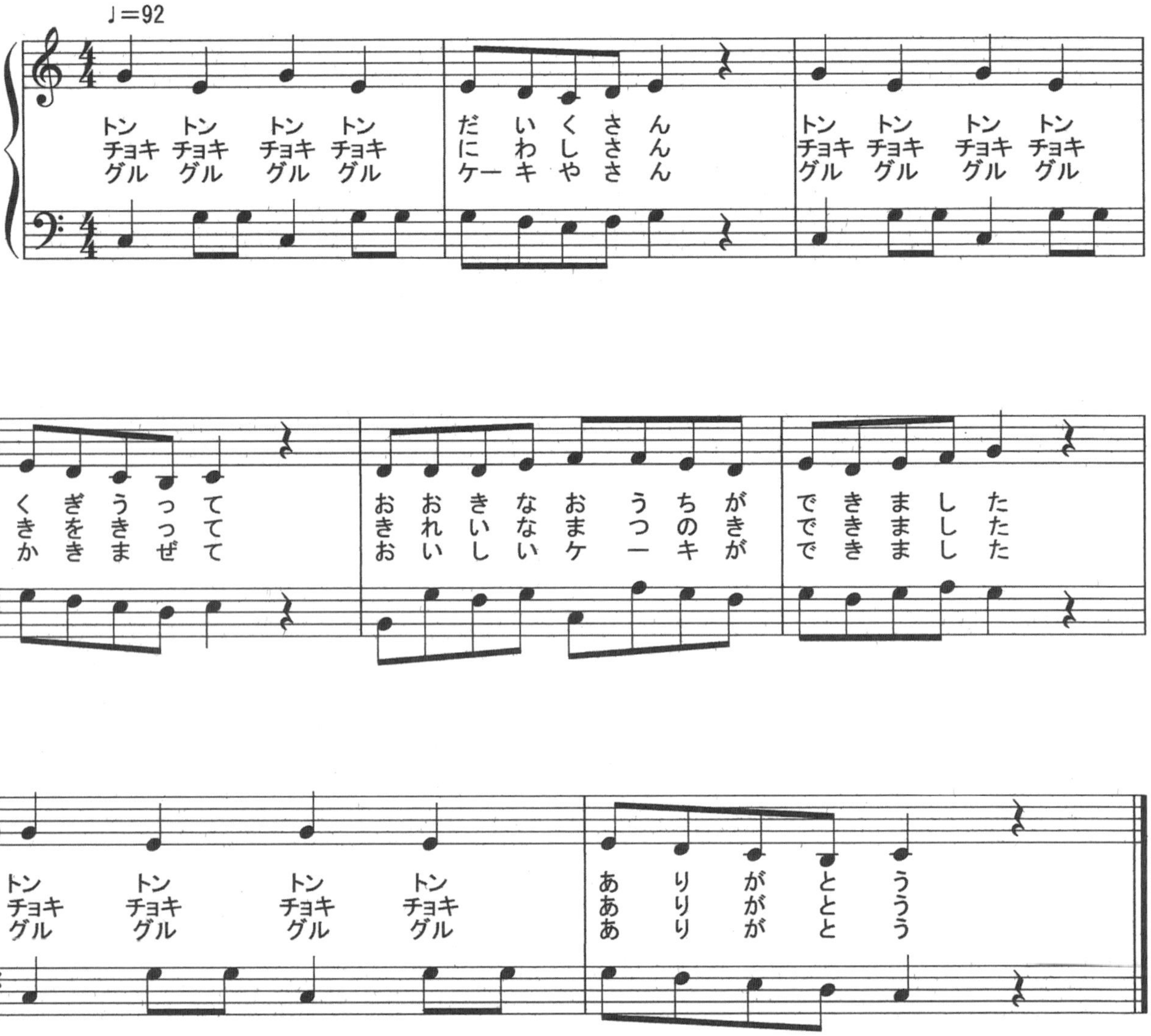
♩＝92
トン トン トン トン だ い く さ ん トン トン トン トン
チョキ チョキ チョキ チョキ に わ し さ ん チョキ チョキ チョキ チョキ
グル グル グル グル ケー キ や さ ん グル グル グル グル
4
く ぎ う っ て お お き な お う ち が で き ま し た
き を き っ て き れ い な ま つ の き で き ま し た
か き ま ぜ て お い し い ケ ー キ が で き ま し た
7
トン トン トン トン あ り が と う
チョキ チョキ チョキ チョキ あ り が と う
グル グル グル グル あ り が と う

（トントンだいくさん　手あそび例）

トントントントン　だいくさん
トントントントン　くぎうって
トントントントン

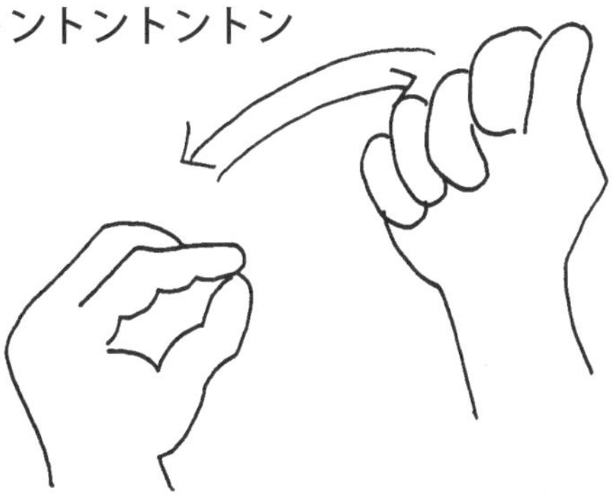

おおきなおうちができました

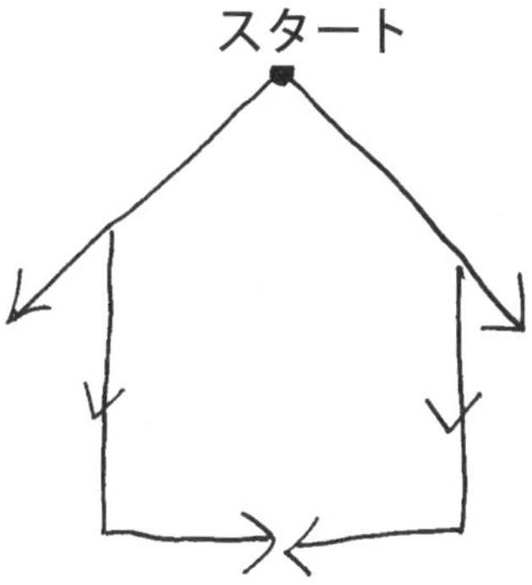

（手を身体の前でやじるしに合わせて動かす）

チョキチョキチョキチョキ　にわしさん
チョキチョキチョキチョキ　きをきって
チョキチョキチョキチョキ

きれいなまつのき

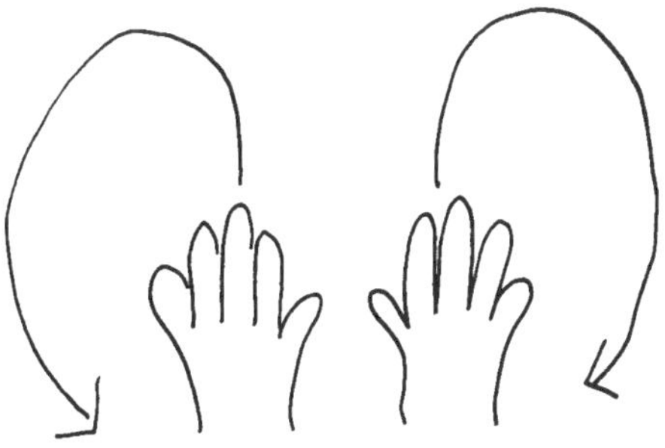

できました

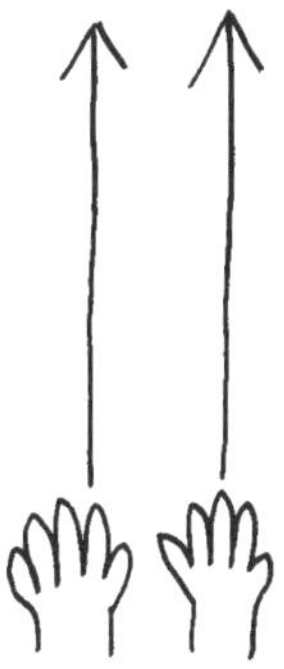

グルグルグルグル　ケーキやさん
グルグルグルグル　かきまぜて
グルグルグルグル

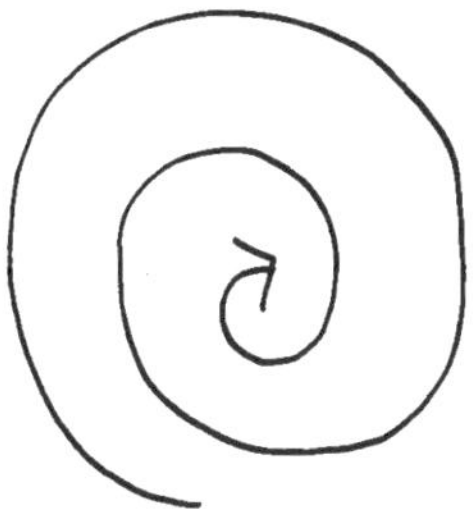

おいしいケーキが

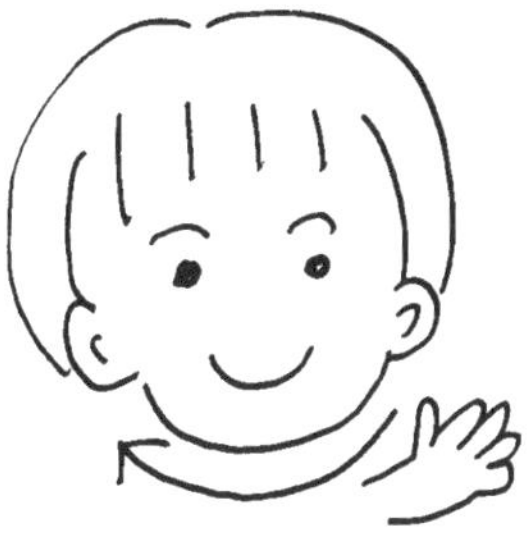

できました
（手にのっているように）

（手あそび）
大工さん、庭師さん、ケーキ屋さんが、どんなお仕事、どんな動きをされてるか、子供たちと話し合いましょう。
最近は釘を打つのも、卵を泡立てるのも、機械がほとんどやってくれますね。それでも、基本的な金づちや泡立て棒の動きを知ることも、有意義だと思います。
それらの動きを子供たちと確認し、歌に合わせて、手や腕の動きをつけて楽しみましょう。

38, 電　車

作詞作曲：えんどうリリカ

あかるく　元気よく
♩＝100
「まもなく　発車します。」
「この列車は、〇〇行きです。」
ガッタンゴットンガッタンゴットン
ガッタンゴットンガッタンゴットン
きょうは 〇 〇 〇 へ
いくんだよ
ガッタンゴットンガッタンゴットン
ガッタンゴットンガッタンゴットン
〇 〇ちゃんといっしょに
いくんだよ
ガッタンゴットンガッタンゴットン
ガッタンゴットンガッタンゴットン
あー あー たのしい
おでかけだ
ガッ タン ゴッ トン ガッ タン ゴッ トン
ガッ タン ゴッ トン ガッ タン ゴッ トン
ゴッ トーン

（手あそび・リズム遊びとして）

はじめの駅員さんの言葉は先生またはお当番の子供が言ってもいいですね。

駅の名前は実際にある駅の名前でも、楽しい駅の名前を作って歌ってもいいですね。

動きは椅子に座ったままで、腕だけ動かしてもいいし、椅子から立って動き回ってもいいですね。その日の子供の様子や、予定に合わせて楽しんで歌ってください。

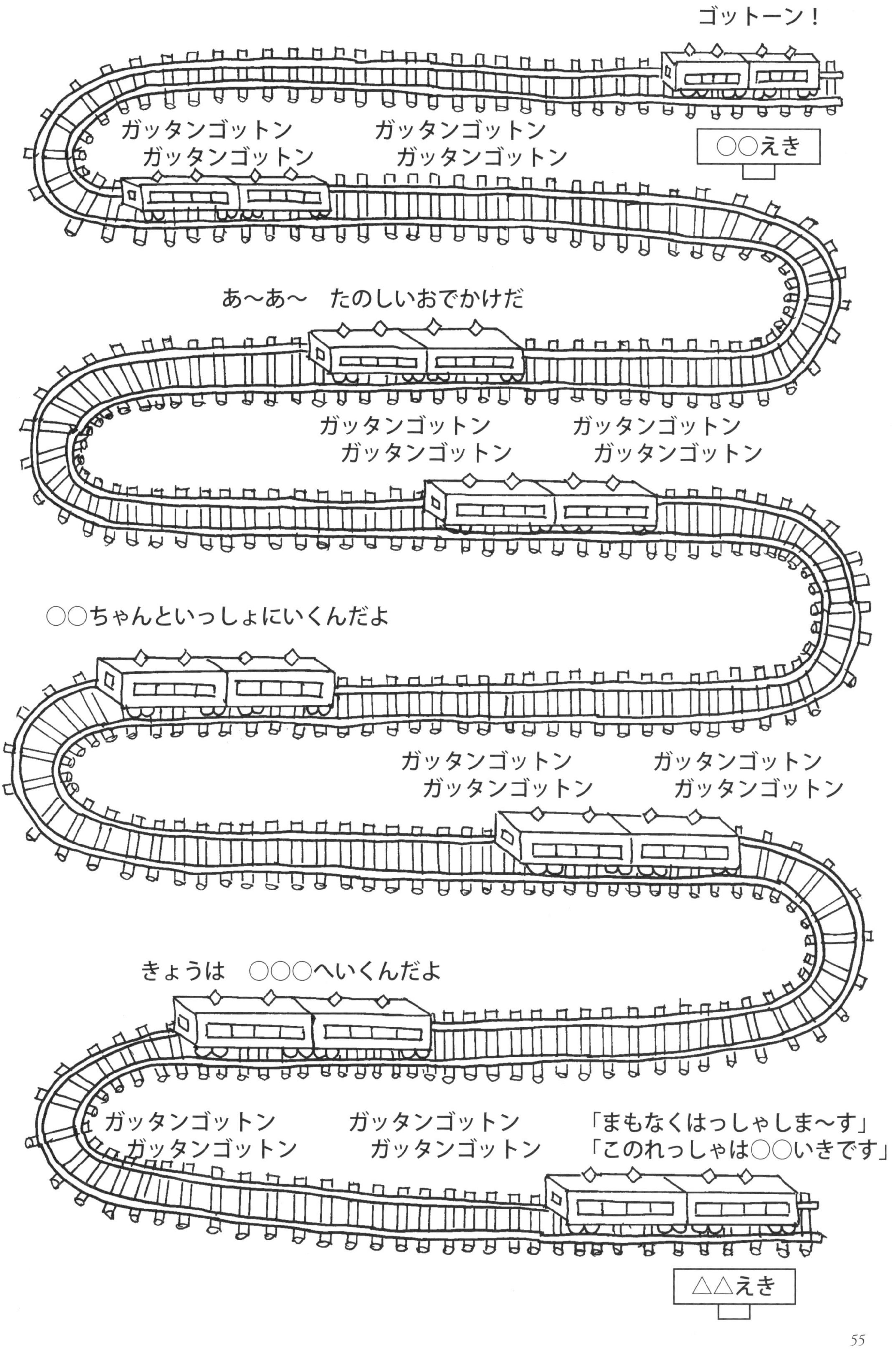
ゴットーン！
○○えき
ガッタンゴットン
ガッタンゴットン
ガッタンゴットン
ガッタンゴットン
あ〜あ〜　たのしいおでかけだ
ガッタンゴットン
ガッタンゴットン
ガッタンゴットン
ガッタンゴットン
○○ちゃんといっしょにいくんだよ
ガッタンゴットン
ガッタンゴットン
ガッタンゴットン
ガッタンゴットン
きょうは　○○○へいくんだよ
ガッタンゴットン
ガッタンゴットン
ガッタンゴットン
ガッタンゴットン
「まもなくはっしゃしま〜す」
「このれっしゃは○○いきです」
△△えき

39，バスが走る

たのしく　はずんで　　　　　　　　　　　　作詞作曲：えんどうリリカ

♩＝100
「さあ、しゅっぱーつ」
バ ス が は し る
バ ス が は し る
ブッ ブー ブッ ブー
ブッ ブー ブッ ブー
きよう は た の しい
きょう は た の しい
え ん そ く だー
え ん そ く だー
み ん な で い こ う
み ん な で た べ よ
ど う ぶ つ えん
お べ ん と う
ブッ ブー ブッ ブー
ブッ ブー ブッ ブー
「つきましたよ」

「さあ、しゅっぱーつ」
「つきましたよ」は、
先生、またはお当番の子が
言ってください。
イラストのように、
運転する動作をつけても
楽しいですね。
ハンドルを子供たちが
手作りしてもいいですね。

40，動　物　園

～何の動物かな？～
（歌あそび）

作詞作曲：えんどうリリカ

あかるく　たのしく
♩＝104
どうぶつえんに　いこう　どうぶつえんに　いこう
どんな　どうぶつ　いるのかな　キャ　キャ　キャ
「おさるさんだ」　おさるさんが　いたよ

～何の動物かな？～

７小節目でだれか 1人が、動物の鳴き声を出したり、その動物の動作をしたりします。
または、クイズ方式でその動物のヒントを言います。
まずはじめに、ヒントを出す子に先生やご家族の方は、鳴き声か、動作か、言葉のヒントなど、どれでヒントを出すか、相談してから歌を歌い始めます。
７小節目は、言葉のヒントの場合は、拍子は考えないで子供の言葉をみんなで聞きます。
８小節目も拍子を考えないで、先生やご家族の方は、みんなの意見をまとめます。
先生やご家族の方が合図をして、９小節目の伴奏を弾きはじめて、その動物をみんなで歌います。
色々な動物を当てっこしながら歌いましょう。

41，かめさん

作詞作曲：えんどうリリカ

ゆっくり　のんびり

♩=72
か め さ ん よ ど こ い く の
か め さ ん よ ど こ い く の
ゆ っ く り と あ る い て ね
いっ しょう けん めい に あ る い て ね
お と な り の い け に い る
ノ ン ちゃ ん に あ か ちゃ ん が
ノ ン ちゃ ん に あ い に い く
で き た か ら あ い に い く

（リズム遊びとして）

椅子だけで輪になって座り、Ａグループと B グループに分かれ、Ａグループは歌、Ｂグループはかめの動きを輪の中や床で行う。Ａと Ｂのグループは交替する。動きを話し合ったりほめ合ったりする。

かめさん

かめさんよ　どこいくの
ゆっくりゆっくり歩《ある》いて
おとなりの　池《いけ》にいる
ノンちゃんに　会《あ》いに行《い》く

かめさんよ　どこいくの
一生懸命《いっしょうけんめい》に歩《ある》いてね
ノンちゃんに　赤《あか》ちゃんが
できたから　会《あ》いに行《い》く

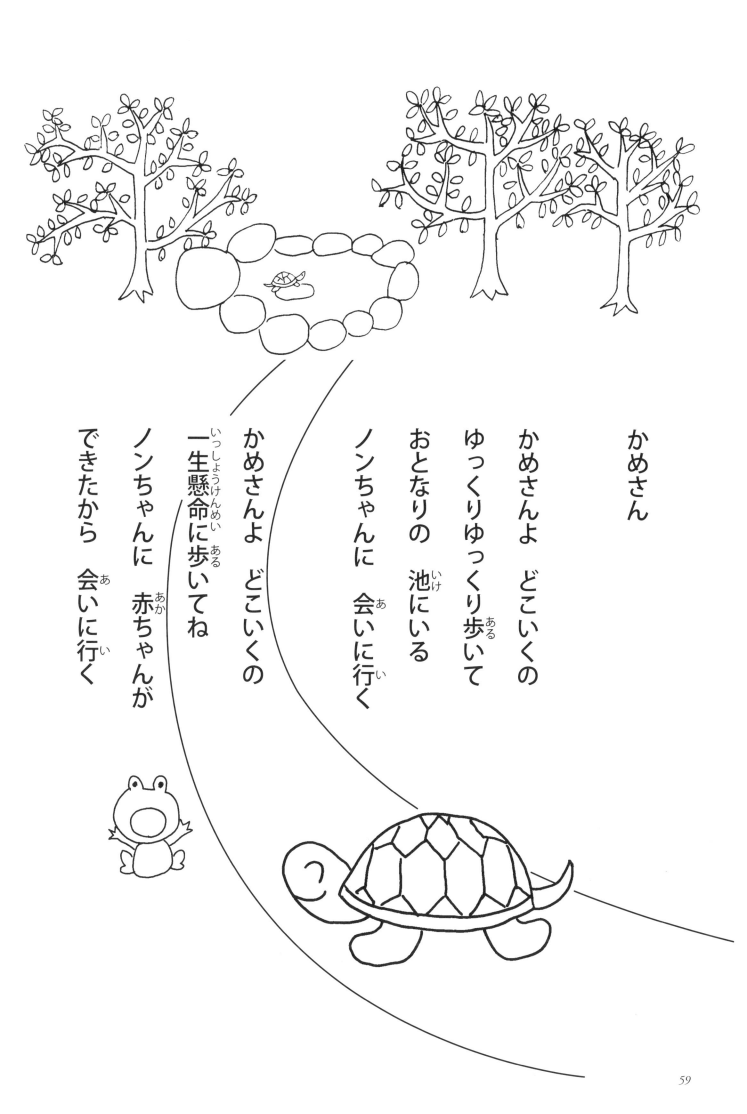

42，カエルくん

作詞作曲：えんどうリリカ

♩＝108
5
9
13
あ め あ が り の ひ に ね カ エ ル く ん が と ん で き た
あ め ポ ツ ポ ツ ふっ て き て カ エ ル く ん が や っ て き た
ピョーン ピョン ピョン ピョン ピョン ピョーン ピョーン ピョン ピョン ピョン ピョン ピョーン
ピョーン ピョン ピョン ピョン ピョン ピョーン ピョーン ピョン ピョン ピョン ピョン ピョーン
ち い さ く て か わ い い な ぼ く も カ エ ル に な っ て
み ど り い ろ き れ い だ な お か あ さ ん カ エ ル も やっ て きて
ピョーン ピョン ピョン ピョン ピョン ピョーン ピョーン ピョン ピョン ピョン ピョン ピョーン
ピョーン ピョン ピョン ピョン ピョン ピョーン ピョーン ピョン ピョン ピョン ピョン ピョーン

（リズム遊びとして）

子供たちは、椅子だけの輪になって座り、ＡとＢのグループに分かれて、Ａグループは歌を歌う。Ｂグループはピヨーンピョンピョンのところでカエルになって輪の中の床で飛び回る。ＡとＢのグループは交替する。

43，お月見に行こう

たのしそうに　　　　　　　　　　　　　　作詞作曲：えんどうリリカ

♩＝96
ピョン　ピョン　う　さ　ぎ　が　ピョン　ピョン　ピョン
ポン　ポコ　た　ぬ　き　が　ポン　ポコ　ポン
5
み　ん　な　で　そ　ろ　っ　て　ど　こ　へ　い　く
お　な　か　を　た　た　い　て　ど　こ　へ　い　く
9
い　っ　しょ　に　ま　ん　げ　つ　み　に　い　く　の
う　さ　ぎ　さん　と　お　つ　き　み　た　の　し　む　の

（リズム遊びとして）

椅子だけで輪になって座り、Ａグループ と Ｂグループに分かれて、

１番はＡグループが歌、Ｂグループはウサギの動きをして真ん中の床で動く。

２番はＡグループがタヌキの動き、Ｂグループが歌う。担当を決めて、交替したりして楽しんでください。

44, にわとりさん

作詞作曲：えんどうリリカ

♩＝104

あ た ひ　さ ま る　に ご に　な ひ な　る と る　と つ と　う う お　た み さ　い ま ん　だ し ぽ　す た だ

コ コ コ　ケ ッ ケ ッ　コ コ コ　ケ ッ ケ ッ　コ ー ー　コ ー ー　コ コ コ　ケ ッ ケ ッ　コ コ コ　ケ ー ー　ケ ー ー

に に　わ わ　と と　り り　さ さ さ　ん ん　は は　は う い　や れ そ　お し が　き そ し　だ う い

17
ココ ケッ ココ ケッ コー ココ ケェ ココ ケー
ココ ケッ ココ ケッ コー ココ ケェ ココ ケー
ココ ケッ ココ ケッ コー ココ ケェ ココ ケー
21
1. 2.
きょうもげんきにうたいます
きょうもにこにこごきげんだ
きょうもバタバタはしり
25
3.
ーます

（手あそび、リズムあそびとして）
歌える子は、後奏をコケッ　コケッ　コー　ケッコー　と、歌っていただいてもいいと思います。
子供たちと鶏の動作を話し合い、たとえばコケッ　コケッ　コー　コケッ　コケーのところに歌いながら動作を入れてみましょう。
１番、２番、３番それぞれの動きをつけてもいいですね。

45，みんな大事なお友だち

あかるく　はずんで　　　　作詞作曲：えんどうリリカ

♩＝100

1. と り あい に なっ た ら ど う し ょ う
2. け ん か に なっ た ら ど う し ょ う
3. な い て る こ が いた ど う し ょ う
じゃ ん けん で じゅ ん ば ん き め よう
ご ー め ん な さ いっ て い お う
ど う し て ない て るっ か き こ う
5
9
（１～３）
み ん な だ い じ な お と も だ ち
13
（１～３）
どう す れ ば な か よ く な れ る の か

17
（1～3）
みんなでかんがえていこう
21
てつないでなかよくしよう
あくしゅでなかなおりしよう
ハグしてなぐさめてあげよ

46，お空にありがとう ～替え歌を作ろう～（歌あそび）

作詞作曲：えんどうリリカ

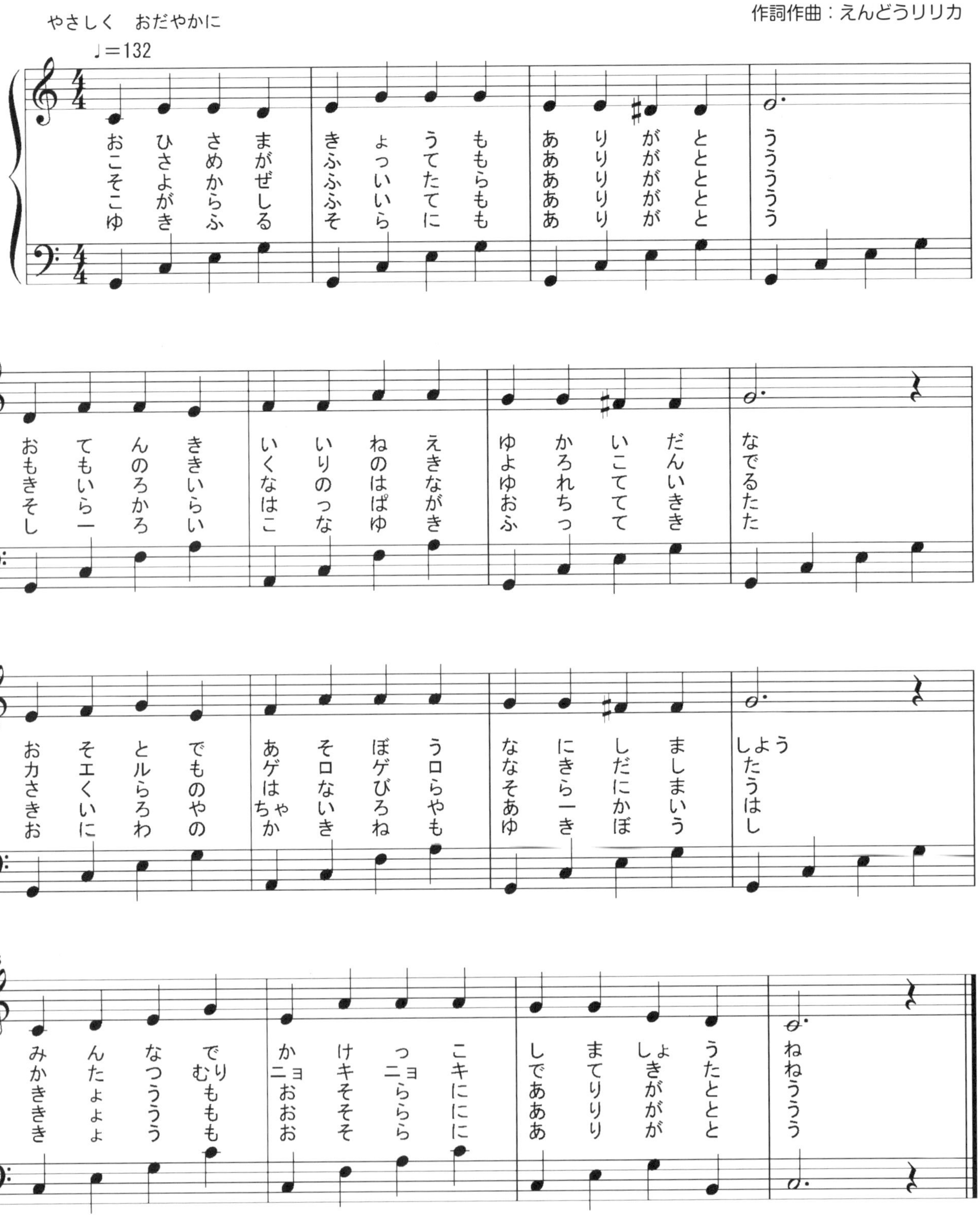
やさしく　おだやかに
♩＝132
5
9
13
おひさまきょうもありがとう おてんきいいねえゆかいだな おそとであそぼうなにしましょう みんなでかけっこしましょうね
こさめがふってもありがとう もものきくりのきよろこんで カエルもゲロゲロなきだした かたつむりニョキニョキでてきたね
そよかぜふいたらありがとう きいろいなのはなゆれている さくらのはなびらそらにまう きょうもおそらにありがとう
こがらしふいてもありがとう そらからはっぱがおちてきた きいろやちゃいろやあーかいは きょうもおそらにありがとう
ゆきふるそらにもありがとう しーろいこなゆきふってきた おにわのかきねもゆきぼうし きょうもおそらにありがとう

～替え歌をつくろう～

その日の気候や日常の様子に合った歌詞で歌いましょう。

園庭や、空、自然をよく見て、季節、天気の違う日、虫や草木の様子で気がついたことをみんなで話し合いましょう。先生や家族の方が、それらを歌詞にまとめ、その時に合った替え歌をつくって、ありがとうの気持ちで歌ってみましょう。

お空《そら》にありがとう

お日《ひ》様《さま》今日《きょう》もありがとう
お天気《てんき》いいねえ愉快《ゆかい》だな
お外《そと》で遊《あそ》ぼう何《なに》しましょう
みんなでかけっこしましょうね

小雨《こさめ》が降《ふ》ってもありがとう
桃《もも》の木《き》栗《くり》の木《き》喜《よろこ》んで
カエルもゲロゲロ鳴《な》き出《だ》した
蝸牛《かたつむり》ニョキニョキ出《で》てきたね

そよ風《かぜ》吹いたらありがとう
黄色《きいろ》い菜《な》の花《はな》揺《ゆ》れている
桜《さくら》の花《はな》びら空《そら》に舞《ま》う
今日《きょう》もお空《そら》にありがとう

木枯《こがら》らし吹《ふ》いてもありがとう
空《そら》から葉っぱが落《お》ちてきた
黄色《きいろ》や茶色《ちゃいろ》や赤《あか》い葉《は》
今日《きょう》もお空《そら》にありがとう

雪《ゆき》降《ふ》る空《そら》にもありがとう
白《しろ》い粉雪《こなゆき》降って来《き》た
お庭《にわ》の垣根《かきね》も雪帽子《ゆきぼうし》
今日《きょう》もお空《そら》にありがとう

（これらの歌詞は、例と考えて、色々な替え歌を作り、楽しんで下さい。その土地に合った様子、方言も入れたら親しみが出ていいですね。）

47，散歩は楽しい

あかるく　たのしく

作詞作曲：えんどうリリカ

♩＝138

ぼ う し を　か ぶ り　そ と ぐ つ　は い て
お て て を　つ な い で　あ る い て　い こ う
お ひ さ ま　ニ コ ニ コ　さ ん ぽ は　た の しい

おうちでも、散歩の前に口ずさめば、何を用意すればいいか、
子供さん自身で考えて準備できますね。

48，さむくなんかないさ

あかるく　げんきに

作詞作曲：えんどうリリカ

♩＝138

ぼ う し を　か ぶ り　て ぶ く ろ　は め て
う わ ぎ を　き て ね　な が ぐ つ　は い て
みんなで　いっしょに　かけっこ　しよう
ゆきーを　まるめて　なげっこ　しよう
からだが　ポカポカ　さむくなんか　ないさ
からだが　ホコホコ　さむくなんか　ないさ
5
9

１番は、冬の園庭遊びの前に、２番は雪遊びの前に、また、散歩前には前のページの替え歌「散歩は楽しい」で歌ってください。

49, どんぐり（あそび歌）

かわいらしく
♩＝88

作詞作曲：えんどうリリカ

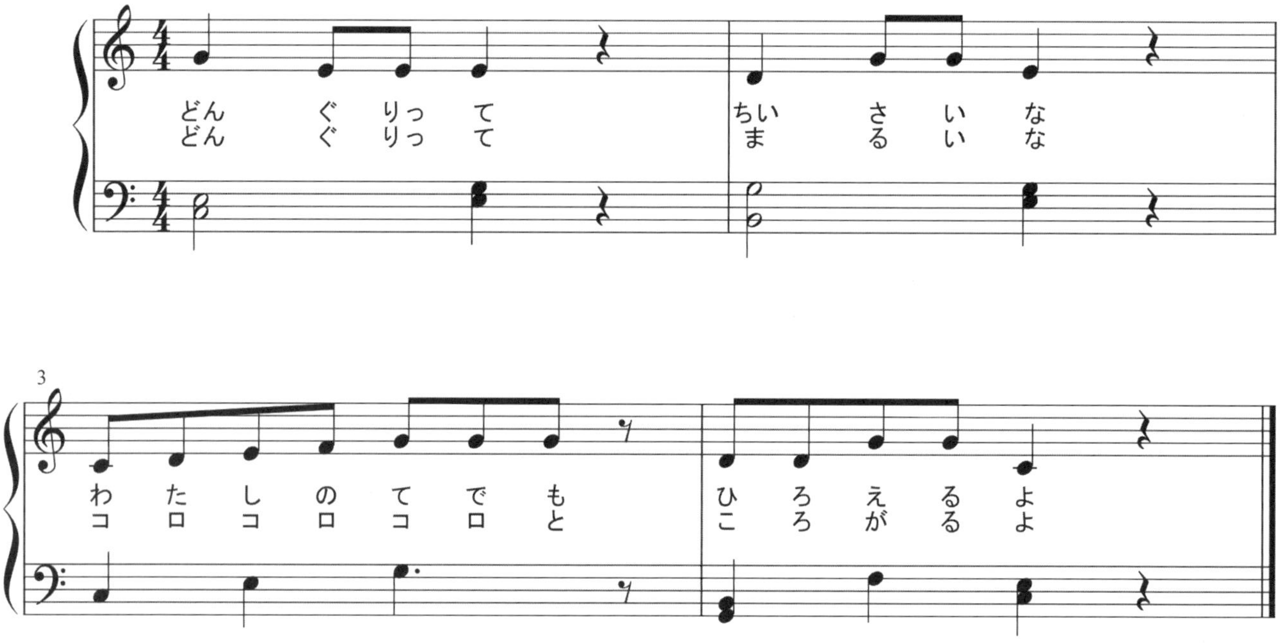
どん ぐ りっ て ちい さ い な
どん ぐ りっ て ま る い な
3
わ た し の て で も ひ ろ え る よ
コ ロ コ ロ コ ロ と こ ろ が る よ

子供は、何かつぶやきながら、また、歌いながら、楽しそうに遊びや動作をすることがありますね。この歌も、そのようなあそび歌として使ってください。

50, すべり台

作詞作曲：えんどうリリカ

♩=104
すべろう すべりだい
すべろう すべりだい
5
○○ちゃんと すべりたい すべりだい あおい
じゅんばん ならんでね まもろうね くもの
9
そらから ありんこの じめんまで いっしょにすべって いこうよ
うえからだんごむしの じめんまで なかよくすべって いこうよ

先生は、今日は○○ちゃんの名前を子供たちが決めてから歌いましょう。
また、歌った後に、滑り台を使うにあたって、約束事を子供たちが思い出したり、
話し合ったりするのもいいですね。

51，おててをあらいましょう

あかるく　たのしく

作詞作曲：えんどうリリカ

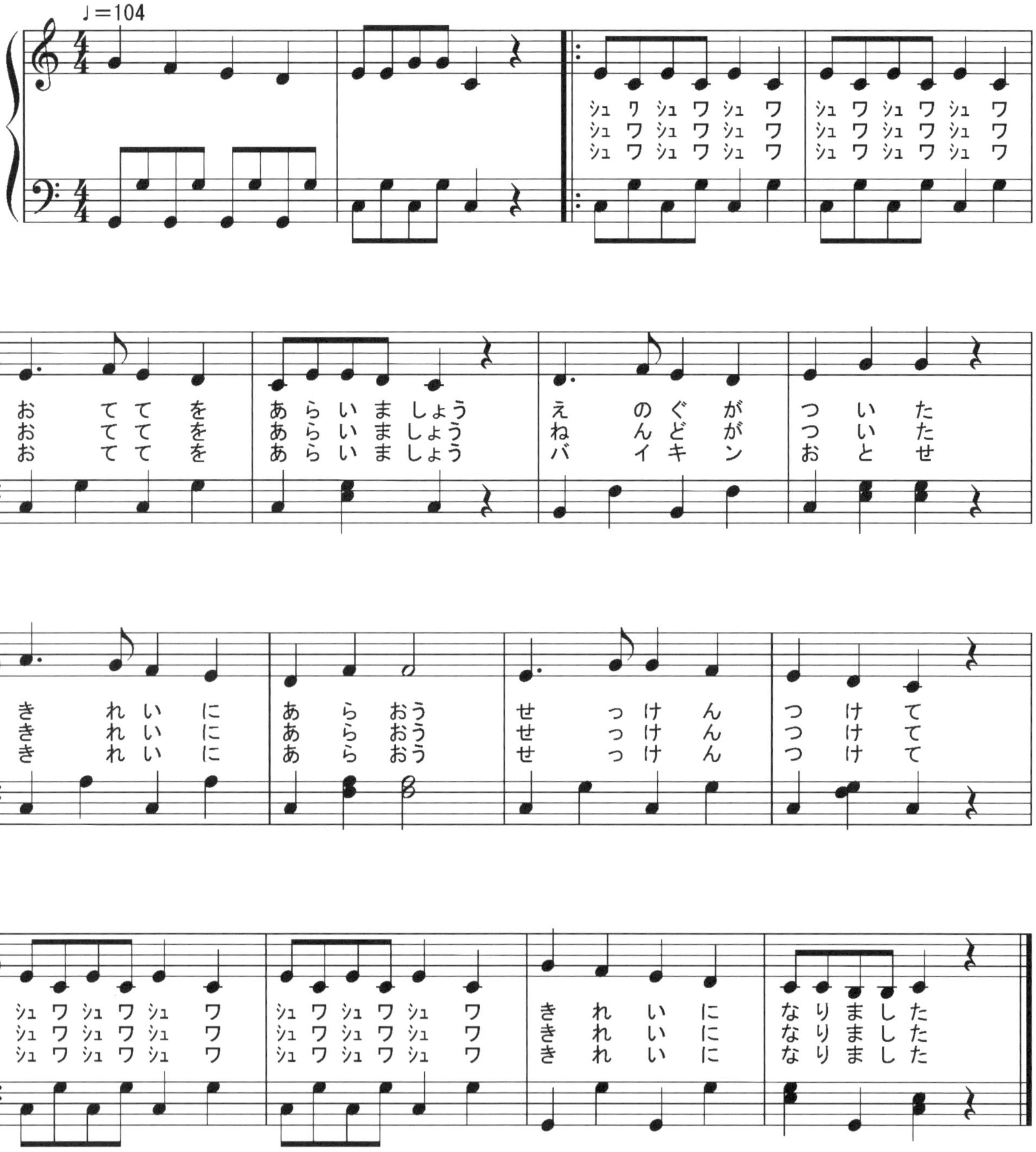
♩＝104
シュ ワ シュ ワ シュ ワ シュ ワ シュ ワ シュ ワ
シュ ワ シュ ワ シュ ワ シュ ワ シュ ワ シュ ワ
シュ ワ シュ ワ シュ ワ シュ ワ シュ ワ シュ ワ
5
お て て を あ ら い ま しょう え の ぐ が つ い た
お て て を あ ら い ま しょう ね ん ど が つ い た
お て て を あ ら い ま しょう バ イ キ ン お と せ
9
き れ い に あ ら お う せ っ け ん つ け て
き れ い に あ ら お う せ っ け ん つ け て
き れ い に あ ら お う せ っ け ん つ け て
13
シュ ワ シュ ワ シュ ワ シュ ワ シュ ワ シュ ワ き れ い に な り ま し た
シュ ワ シュ ワ シュ ワ シュ ワ シュ ワ シュ ワ き れ い に な り ま し た
シュ ワ シュ ワ シュ ワ シュ ワ シュ ワ シュ ワ き れ い に な り ま し た

楽しい歌を歌いながら、

良い習慣を身につけましょう。

52，みんなでつくった

作詞作曲：えんどうリリカ

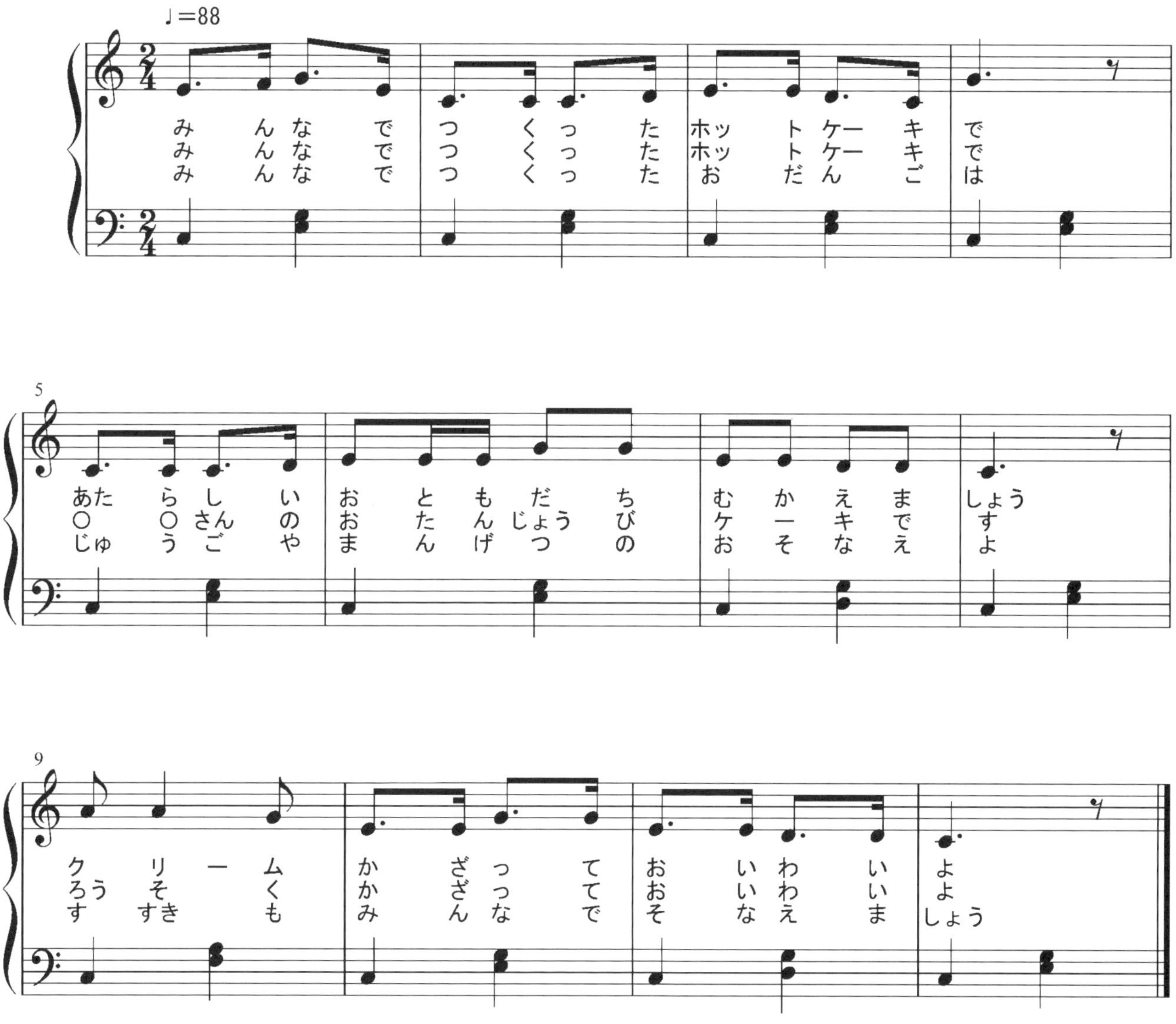
♩＝88
み ん な で つ く っ た ホッ ト ケー キ で
み ん な で つ く っ た ホッ ト ケー キ で
み ん な で つ く っ た お だ ん ご は
5
あた ら し い お と も だ ち む か え ま しょう
○ ○ さん の お た ん じょう び ケ ー キ で す
じゅ う ご や ま ん げ つ の お そ な え よ
9
ク リ ー ム か ざ っ て お い わ い よ
ろう そ く か ざ っ て お い わ い よ
す すき も み ん な で そ な え ま しょう

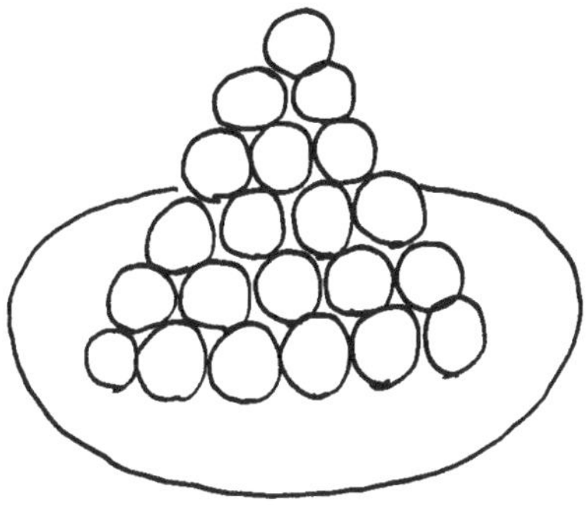

色々な行事を、手作りのお菓子を添えてお祝いしましょう。
小さい時から、心を込める経験をしたいですね。
楽しみながら、子供たちの友達を迎える喜び、大きくなった喜び、
お月さまにありがとうの気持ちが育ちますように！

53, おにぎり（あそび歌）

作詞作曲：えんどうリリカ

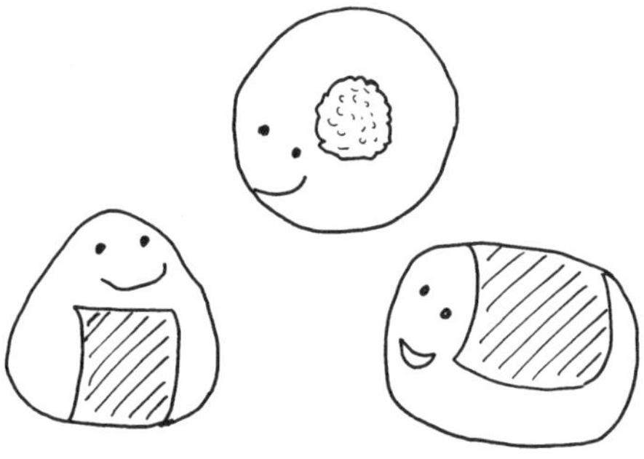

♩＝92
お に ぎ り お に ぎ り ギュ ギュ ギュ
お に ぎ り お に ぎ り ギュ ギュ ギュ
お に ぎ り お に ぎ り ギュ ギュ ギュ
5
な に を つ め よ ギュ ギュ ギュ
な に を つ め よ ギュ ギュ ギュ
な に を つ め よ ギュ ギュ ギュ
9
か つ お を つ め よ ギュ ギュ ギュ
う め ぼ し つ め よ ギュ ギュ ギュ
た ら こ を つ め よ ギュ ギュ ギュ
13
さん か く の お に ぎ り で き ま し た
た わ ら の お に ぎ り で き ま し た
ま ー る い お に ぎ り で き ま し た

（あそび歌）

おにぎりをつくる真似遊びから実践へ、歌いながら手順を覚えましょう。

54，つみきをつもう（あそび歌）

作詞作曲：えんどうリリカ

♩=80
つ み き を つ も う ひ と つ ふ た つ
5
つ み き を つ も う み っ つ よ っ つ
9
ほ ー ら み て み て つ め ま し た

（あそび歌）

積み木を積みながら、先生やお友達と歌いましょう。

でも、真剣勝負の時は黙ってですね。

55，ねんどあそび（あそび歌）

作詞作曲：えんどうリリカ

♩＝88
1〜3 ね ん ど あ そ び く にゃ く にゃ く ー にゃ
5
ク ル ク ル ま わ せ ば お だ ん ご だ
ベ タ ベ タ た た け ば お せ ん べ い
グ ル グ ル の ば せ ば へ び に な る

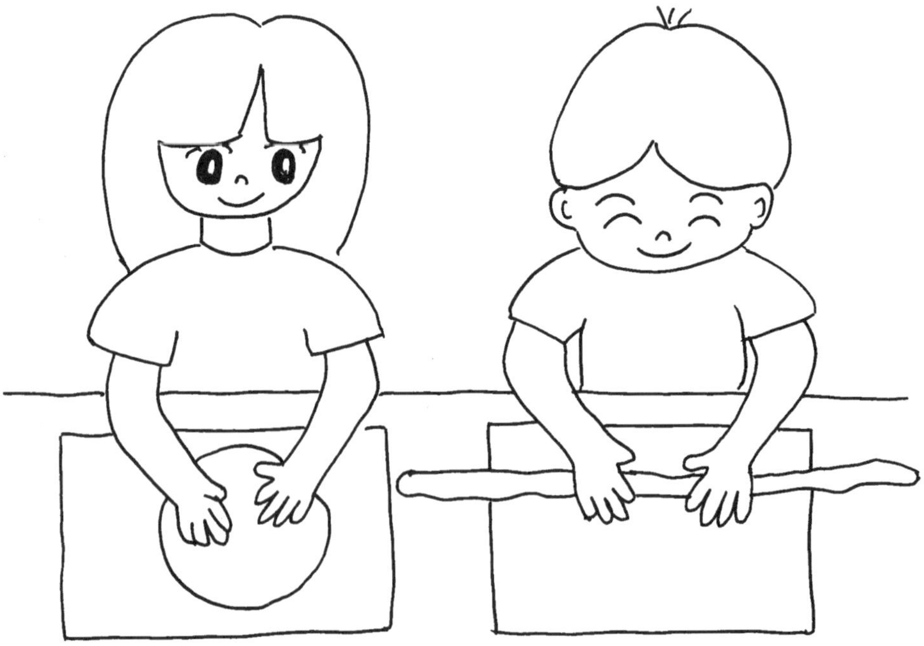

（あそび歌）

粘土遊びをしながら、先生も子供たちも歌いましょう。

おうちでも、おかあさんもおとうさんも、子供さんと並んで粘土をこねながら歌ったら楽しいですね。

56，おだんご（あそび歌）

作詞作曲：えんどうリリカ

♩＝88
おだんご　まるめて　ひとつ　ふたつ
おだんご　まるめて　みっつ　よっつ
おさらに　いれて　できました

（あそび歌）

クラスのみんなで、また、家族みんなで歌いながら作るおだんごは、いい思い出になることでしょう。また、園庭の泥だんごづくりの時も歌いたいですね。数え歌としても使ってください。

57，今日もありがとう

作詞作曲：えんどうリリカ

やさしく
♩＝96
4
1. おはよう ことりさん チチチチチチと おこしてくれて ありがとう ありがとう
2. おはよう おかあさん おいしいごはん つくってくれて ありがとう ありがとう
3. おはよう おとうさん きょうもおしごと いってーらっしゃい ありがとう ありがとう
4. ただいま おかあさん おへやのなかを きれいにそうじ ありがとう ありがとう
5. おかえり おとうさん みんなでゆうしょく そろってたべる ありがとう ありがとう
6. おやすみ おほしさま きょうもいちにち たのしいひーを ありがとう ありがとう

今日１日の感謝を込めて、自然に、家族に、歌って思いを伝えましょう！

今日《きょう》もありがとう

おはよう　小鳥《ことり》さん
チチチチチと　起《お》こしてくれて
ありがとう　ありがとう

おはよう　お母《かあ》さん
おいしいご飯《はん》　作《つく》ってくれて
ありがとう　ありがとう

おはよう　おとうさん
今日《きょう》もお仕事《しごと》　行《い》ってらっしゃい
ありがとう　ありがとう

ただいま　お母《かあ》さん
お部屋《へや》の中を　綺麗《きれい》に掃除《そうじ》
ありがとう　ありがとう

お帰《かえ》り　おとうさん
みんなで夕食《ゆうしょく》　揃《そろ》って食《た》べる
ありがとう　ありがとう

おやすみ　お星様《ほしさま》
今日《きょう》も一日《いちにち》　楽《たの》しい日《ひ》を
ありがとう　ありがとう

（歌詞のお父さんお母さんをパパとママや、おじいちゃんおばあちゃんなどご家庭に合わせて、替えて歌ってもいいと思います。
園で歌う時は、朝のお集りの時に1〜3番をお帰りのお集まりの時に4〜6番を歌ってもいいですね。）

58，笑って過ごそう

作詞作曲：えんどうリリカ

giocoso
♩＝112
わ　ら　っ　て　す　ご　そ　う　ホ　ホ　ホ　ホ　ホ
わ　ら　っ　て　い　こ　う　よ　へ　へ　へ　へ　へ
5
わ　ら　っ　て　す　ご　そ　う　ハ　ハ　ハ　ハ　ハ
わ　ら　っ　て　い　こ　う　よ　フ　フ　フ　フ　フ
9
み　ん　な　で　わ　ら　お　う　ホ　ホ　ホ　ホ　ホ
み　ん　な　で　わ　ら　お　う　へ　へ　へ　へ　へ
13
ホ　ホ　ホ　ホ　ホ　ホ　ホ　ホ　ハ　ハ　ハ　ハ　ハ
へ　へ　へ　へ　へ　へ　へ　へ　フ　フ　フ　フ　フ

歌うテンポは、子供たちによって調整してください。
また、大人の皆さんも、この曲を歌い、笑ってストレス解消、健康維持
増進してください。

この本「つぶやきソングと歌あそび」の使い方

■イラスト

　色鉛筆で塗り絵ができるように、イラストは線描で掲載しています。お子さんでも大人の方でも塗り絵として楽しめます。

　また、保育士さんは、園のお仕事でカット集として使ってくだされば嬉しいです。

■歌詞だけのページ

　歌詞だけのページにはフリガナがふってありますので、ひらがなが読めるお子さんは、ご自分で読むこともできますし、保育士さんやご家族で、そのページを子供さんに見せて、絵本のように読み聞かせとしても使えます。

■曲

２、３歳児に向けて、音域や曲の長さなどを考慮して、子供目線の歌詞で作りましたが、年中、年長さん、大人の方も歌っていただいても十分楽しいと思っています。

　とくに最終曲の「笑って過ごそう」は園児や先生、ご家族の皆様がそろって、愛唱していただければと願っています。

■ピアノ伴奏

　ピアノの伴奏も簡単なので、保育士さんの中でピアノが苦手と思っておられる方でも、少しの練習で弾き語りができるようになると思います。また、ピアノが得意な方は、この曲を原曲として伴奏を豊かな音色や軽快なものに、そして、子供たちの状態、年齢、大人が歌う時などに合わせて、自由に移調したり､編曲したりしてください。

　その他、シニアの方の心身の健康維持増進にも、ピアノを弾くことは良いと言われています。シニアからピアノを習い始める方も増えていると聞いています。どうぞ、お孫さんと一緒にピアノを弾いたり、歌ったり、ご家族で「つぶやきソングと歌あそび」を愛用していただければ嬉しいです。

歌あそび…歌を通して遊ぶ
手あそび…主に手を動かしながら歌う
リズムあそび…身体を歌に合わせて動かす
あそび歌…遊びながら歌う

・この童謡集では、上のように分けていますが、題名の「歌あそび」とは、これら４種を総称して使わせていただいています。

「つぶやきソング」へひと言感想

ママ代表　看護師　谷山さん

44番の「にわとりさん」の曲を3歳の双子の息子たちは、朝起きると♪♩あさ～になると　うたいだす　♬コケッ　コケッ　コー　コケッ　コケー♪♩　と歌いながら踊っていました。

20番の「太鼓」は、私がピアノを弾き、双子の兄が太鼓をたたき、弟が歌を歌いました。

家族で歌ったり踊ったり、合奏ができて楽しい曲ですね。

人形劇演者　関さん

22番の「いもほり」の曲は、お芋に目線を合わせて作られていますね。この歌は、掘って、掘ってようやく出会えた大小のお芋たちに、愛おしさを感じることでしょう。

23番の「すずむしこもりうた」の曲は、美しい鈴虫の声を子守唄ととらえ、親子でじっと耳をすます、そんな優しいお母さんの姿に、子供さんは安心して眠りの世界に入っていけるでしょう。

かわいらしくて、歌いやすい曲ばかりです。世の中の財産になると思います。

ラフター（笑い）ヨガリーダー
相談支援専門員　南出さん

リコーダーでつぶやきソングを吹いてみました。16番「夏休み」は素朴で歌いやすくていいですね。夏休みを楽しみにしている感じがよく出ていますね。7番の「あじさいの花」はスローテンポの歌なのに明るくて雰囲気の良い、かわいい歌ですね。

58番「笑って過ごそう」は、口腔体操にもなると思います。高齢者の方も歌っていただきたいですね。また、ヨガ教室でもレッスンの始めに使えそうです。

子供も、家族もみんなで歌って笑って元気になりましょう！

ピアノ講師　ともこさん

どの曲も歌詞が素直で、優しい気持ちが表現されていていいですね。保育士を目指す人が練習曲として弾くこともでき、実際に勤められた時にも、使える曲だと思います。

30番の「おひなまつり」は、お友達や家族と仲良く過ごされる子供の姿が目に浮かび、46番の「お空にありがとう」は、自然に感謝する気持ちが子供に芽生える良い曲だと思います。

パパ代表　介護福祉士　田中さん

ママの膝の上の11カ月の息子の前で、私がおもちゃのピアノを弾きながら、28番の「雪だるま」を歌いました。演奏後、ママといっしょに、最近覚えた拍子をしてくれました。

38番の「電車」は、ガッタンゴットンと私が歌いながら腕で電車の動きをすると、息子も一生懸命身体を揺すって動きを真似ようとしていました。繰り返しのメロディーも気に入ったようで、ピアノを弾いている私の指を触ろうと近づいてきました。

家族3人とも笑顔の楽しい時間を過ごせました。

元保育士　石井さん

45番「みんな大事なお友だち」は、お友だちとケンカしそうになった時、ケンカしてしまった時も、この歌を歌ったら、きっと仲なおりして、仲良くなれるでしょう。

25番「ゆきみち」は、キュキュキュと楽しい音が聞こえてきそうですね。雪踏みをして喜ぶ子供の姿が目に浮かびそうです。

こんなつぶやきソングは、子供たちがすぐに口ずさむことでしょう。

3世代音楽愛好家　鈴木さん

7歳の孫は、ピアニカで6番の「ゆびおりかぞえて」や18番の「秋の空」を弾いたり、ピアノで片手で引きながら嬉しそうに歌っていました。また、嫁にピアノを弾いてもらい、3世代女子で8番の「雨の日（お外であそびたい）」を歌いました。雨の日はうっとうしい日なのに、この歌を歌うと明るいリズムで、心も晴ればれとして、楽しく愉快な気持ちになりました。

小学4年生　愛実さん

41番「かめさん」の曲が良かったです。曲が歌詞と同じで、ゆっくり歌いやすかったです。かめさんと会話しているみたいな曲で楽しくなりました。

好きなぬり絵も色鉛筆で塗って楽しみました。

幼稚園教師　吉田さん

幼児の生活に根ざした身近な作品ばかりですね。歌いながら良い習慣を身につけたり、季節の行事や、遊びながら歌えるあそび歌など、楽しい作品がいっぱいです。

29番の「今日は節分」は、節分の意味とともに、体の中の病気の元のばい菌、頭の中の良くない考えなども「お腹の鬼」という歌詞でまとめてあるのは流石だと思いました。

51番「おててをあらいましょう」は、シュワシュワシュワと軽快な言葉のくり返しで、楽しく歌いながら手洗いでき、笑顔の子供たちが目に浮かぶようです。年少児に歌いやすいメロディー、歌詞……素晴らしいです。

ピアノ講師　きよこさん

12番の「おりひめさまひこぼしさま」は、子供のころ、笹の葉のお飾りをして、毎年天の川を見上げながら、織姫様、彦星様が無事に会えることを祈っていたことを思い出しました。

21番の「お月見」の曲を弾いて歌うと、うさぎやたぬきがそばにいて、一緒に自分もお月見に参加しているような、あたたかい気持ちになります。

保育士をめざす生徒さんに弾いてもらおうかなあ、と思いました。

リトミック講師　マリンさん

13番「かみなりさん」42番「カエルくん」43番「お月見に行こう」を弾かせていただきました。どの曲もかわいい曲ですね。曲も短くて、年少の子に馴染みやすくて、いいと思います。

また、子供たちは動物になって動いたりするのが好きなので“子供が喜ぶ歌だなあ”と思いました。

保育士　洋子さん

9番の「雨の日（カッパを着てお散歩）」は、ワクワクうきうきした子供たちが散歩に行ける様子がよく出ています。カエルくんも出てきてかわいいですね。長ぐつ、カッパなど子供たちの身近なものが出てくるのもいいですね。

35番「ステキですね」は、自分の名前を呼ばれること、ほめられることが嬉しいですね。次は自分かなと、ワクワクしながら子供たちは待っていることでしょう。2歳児、3歳児は、先生が子供たちの良いところをステキですねと歌ったり、お友だちの良い点をしっかり手助けしながら、子供同士で見つけ出させて、歌詞を決めてから歌ったりできますね。

この曲は5歳児でも、保育者の手助けを少なくして、子供同士の良い点を見つけ出させて歌う曲としても使えますね。

全体的に、どの曲もかわいい歌詞で、保育の現場でも使えると思います。

ひと言感想をいただきました。
皆様ありがとうございました。

えんどう
リリカ

皆様へ

「つぶやきソングと歌あそび」を見せていただきました。可愛い歌詞で子供がおしゃべりしている言葉が、そのまま曲になったようなものが、多く見られます。これは、作者が保育士としての経験から、次々と小さな子供のような詩が生まれて来たのでしょう。そして、曲も年少児に合わせた短い曲で子供の音域に合った曲になっています。また、従来の形式にこだわらない曲もあります。イラストもかわいいですね。作詞、作曲、イラストと三拍子揃っていますね。

このほど、曲をまとめるとお聞きし、出版される歌集を通して、それらの曲が年少の子供たちや、保育にかかわる先生、御家族の皆様に喜んで歌われ、笑顔が増えることを望んでいます。

京都文教（元家政）短期大学児童教育学科元教授　宮島

おわりに

現役で私は保育士をして、２歳児を担当していた時、乳児や年少児の子供たちが歌いやすい曲が、少ないことに気がつきました。
色々と曲集を探しましたが、年中、年長児に合った曲が多かったです。小さい子が歌いやすい簡単な曲がもっと欲しいなあと思いながらも、保育士として働いていたころは、朝から夕方まで体力と気力を使い切って動き回り、夜は家庭に帰ると家事もあり、その日の子供たちの様子を思い出したり、園の行事のことなどは考えていましたが、歌だけにこだわることもできず、毎日が忙しく過ぎて行きました。

保育士を辞めて、家で親の介護をしている時、時々保育園での子供たちの笑顔を思い出すことがありました。そして、子供たちの何気ないつぶやきや、子供たちが、勝手にメロディーをつけてつぶやいていたことを思い出しました。その時、私は、ハッとして、私がもし２歳ならどんなことを口ずさむかな？と考えました。そう思ったら、次々と、２歳児目線のつぶやく歌がうかんできて、楽譜に書き留めました。私は、これらをつぶやきソングと名づけました。

こうして、少しずつ曲を作り、イラストも可愛い園児を思い出して自分で描きました。50曲集まったら、まとめたいと思っていてその数を超えた時、偶然出版社の方に出会いました。

そこで、幼い曲ですが、幼い子に歌っていただければと思い、アートヴィレッジさんにお世話いただくことにしました。

この楽譜集は、保育園、幼稚園の先生の他、子供の頃にピアノを少し習ったことがあるお母様やお父様も、シンプルな伴奏になっていますので、ぜひ、ご家族で子供さんと一緒に楽しんでピアノを弾いたり、歌ったりしていただけたらと思います。また、シニアの方も、ピアノや歌は、心身の健康維持増進にとてもいいので、お孫さんと一緒にご家族皆様で、御愛用いただければ幸いです。

この童謡集を出版するにあたり、先生方、友人、職場関係の皆様から、「ひと言感想」、御意見、御指導、御協力いただきまして、誠にありがとうございました。心より感謝しております。ありがとうございました。

えんどうリリカ

著者プロフィール

1957年生まれ。
京都文教（元家政）短期大学児童教育学科卒業。
子供に覚えやすい名前として、ペンネーム「えんどうリリカ」を使用。
（作詞作曲活動を継続。）
元保育士、現在介護福祉士として勤める。
臨床美術士として、子供、成人、高齢者の情操教育、ストレス解消、認知症予防など臨床美術指導も行う。

保育園　幼稚園　おうちで
2歳児・3歳児のための
つぶやきソングと歌あそび

2021年3月15日　第1刷発行
著　者——えんどう　リリカ
発　行——アートヴィレッジ
〒660-0826　尼崎市北城内88-4・106
TEL 06-4950-0603　FAX 06-4950-0640
URL http://art-v.jp/